달달 읽고 곰곰 생각하는

달콤한
문해력 기본서

1~2학년 추천

초등
1단계

문해력은 글을 읽고 쓰는 기초 능력이자

글을 이해하고 분석하고 비판하고 문제를 해결하는 고도의 능력입니다.

그래서 기본기 없이는 문해력을 갖기 어렵습니다.

그렇다면 문해력의 기본기를 탄탄하게 하기 위해서는 무엇을 해야 할까요?

바로 글을 이루는 기본 단위부터 글을 정교하게 읽는 방법까지

개념 하나하나를 익히고, 그 개념들을 엮고 활용하는 훈련을 해야 합니다.

달곰한 문해력 기본서를 한 학년 동안 익히면 20개의 개념 퍼즐을 맞추게 되고,

전 학년 익히면 200개의 개념 퍼즐을 완성하게 됩니다.

그러면 우리가 상상하는 것보다 더 근사하고 굉장한 힘인 '문해력'을 갖게 될 것입니다.

문해력, 왜 필요한가요?

한 번 읽었던 지문은 이해도 잘 되고, 문제도 잘 풀어요.
그런데 다른 과목처럼 실력이 쌓이는 것 같지 않아요.
새로운 글을 읽을 때마다 다시 처음부터 시작이에요.

지금, 문해력의 기본을 익혀야 합니다.

용어만 다를 뿐 독해력과 문해력은 같은 것 아닌가요?

국어 공부뿐만 아니라 다른 과목의 학습을 위해서 둘 다 꼭 필요한 능력이지만 분명한 차이가 있습니다.

독해력
- 글을 읽고 이해하는 능력
- 글의 정보를 이해하고 이를 바탕으로 다양한 문제를 풀고 표현하는 능력

문해력
- 글을 읽고 이해하고, 분석하고, 표현하는 능력
- 글의 정보를 이해하고 글 속에 담긴 의도와 맥락을 분석하고 비판하는 능력

시험이 목표라면 독해력을 향상시키는 연습이 더 중요할 것이고,
국어 실력 향상이 목표라면 문해력으로 기본기를 탄탄히 다져야 합니다.

문해력인데 왜 교과서 개념으로 익혀요?

국어 교과서
- 말하고, 듣고, 읽고, 쓰는 활동을 배우는 과목
- 다른 과목의 내용까지 읽고 이해할 수 있도록 문해력 향상의 기본이 되는 과목

 어떤가요?

문해력의 기본은 교과서 개념으로 다져야겠지요?

문해력 기본서는 일석삼조(一石三鳥)가 됩니다.

문해력의 기본을 익힌다

각 학년의 교육 과정에 있는 국어 교과서 개념을 다루어서 교과서 개념 학습을 따로 할 필요가 없습니다.

다른 과목의 자료를 읽고 이해하며 학습한 것에 대한 수행 평가를 하는 데에도 큰 도움이 됩니다.

다양한 글을 비판적으로 분석하고 표현하는 능력은 중고등학교 학업 성과를 높이는 단단한 기초가 됩니다.

"달콤한 문해력 기본서와 함께
문해력 공부를 시작해 보세요"

문해력은 아이들의 미래를 결정짓는 가장 중요한 능력 중 하나입니다. 현대 사회에서 문해력은 단순히 글자를 읽고 쓰는 수준에 그치지 않고, 다양한 정보를 이해하고 분석하며, 자신의 생각을 논리적으로 표현하는 능력으로 확장되고 있습니다. 문해력은 **우리 아이들이 사회의 주역으로 성장하는 데 반드시 갖추어야 할 필수적인 능력인 것입니다.**

언론을 통해 문해력 저하를 우려하는 뉴스와 기사들을 종종 접합니다. 학교 현장에서 아이들을 가르치는 선생님들도 초등학생의 문해력 저하 현상을 실제로 체감하고 있습니다. 뿐만 아니라 다양한 연구 결과에서 문해력 저하와 관련된 지표들이 보고되고 있습니다. 교육 당국에서는 초등학생의 문해력 신장을 위해 다양한 정책을 추진하고 있습니다.

이런 흐름 속에 '달콤한 문해력 기본서' 시리즈가 우리 소중한 아이의 문해력 향상을 목표로 출판되었습니다. 달콤한 문해력 기본서는 **초등 학교 국어 교과서에서 제시하는 기본 개념을 좋은 글과 함께 익힐 수 있도록 구성**되었습니다.

달콤한 문해력 기본서가 우리 아이의 문해력 향상에 큰 도움을 줄 것이라고 생각합니다.

문해력은 아이들이 잠재력을 최대한 발휘하면서 행복한 삶을 살아가는 데 필수적인 능력입니다.
우리 아이들이 스스로 생각하고 판단하며 세상과 소통할 수 있도록,
지금부터 달콤한 문해력 기본서와 함께 문해력 향상을 위한 노력을 시작해 보세요.

추천사 **방은수 교수님**

100명의 검토 교사 명단

신건철	서울구로초등학교	공은혜	서울보라매초등학교	이내준	서울신곡초등학교	홍현진	삼은초등학교	박장호	신곡초등학교
조민의	서울봉현초등학교	양수영	서울계남초등학교	전채원	인천봉수초등학교	박병주	김천동부초등학교	이상명	검산초등학교
박소연	서울연가초등학교	조원대	글빛초등학교	김 솔	양서초등학교	김희진	보름초등학교	윤지현	서울대치초등학교
김광희	인천연안초등학교	김나영	대전반석초등학교	정선우	대구하빈초등학교	김성신	수현초등학교	조보현	성산초등학교
김성혁	서울가인초등학교	이화수	인천용학초등학교	안기수	관호초등학교	김효주	현동초등학교	정진희	다솜초등학교
선주리	송운초등학교	길수정	천안삼거리초등학교	이용훈	군서초등학교	강수민	대전변동초등학교	최흥섭	대구한실초등학교
서미솔	서울우이초등학교	박은솔	샘말초등학교	최이레	구미원당초등학교	김유나	인천완정초등학교	박한슬	부곡중앙초등학교
김은영	서울신상계초등학교	이상권	인천백석초등학교	구창성	대구월곡초등학교	김석민	인천부평서초등학교	이상은	세종도원초등학교
박원영	서울도림초등학교	정대준	서울가동초등학교	김재성	수현초등학교	박기병	청원초등학교	한동희	대구세천초등학교
최보민	인천해서초등학교	박다솔	신일초등학교	오인표	인천새말초등학교	이기쁨	천안성성초등학교	이영진	신곡초등학교
차지혜	서울누원초등학교	양성남	새봄초등학교	이석민	상탄초등학교	정하준	천안성성초등학교	노희창	문산동초등학교
이근영	서울대방초등학교	백신형	서울증산초등학교	이경희	남양주월산초등학교	배민지	미사초등학교	정민우	참샘초등학교
윤우덕	서울가인초등학교	김나현	인천당산초등학교	김동희	청옥초등학교	허영수	구미신평초등학교	박혜란	수양초등학교
정혜린	서울구룡초등학교	조상희	남양주월산초등학교	이서영	신현초등학교	최흥섭	대구한실초등학교	정금향	한가람초등학교
김일두	성복초등학교	이동민	구미봉곡초등학교	최병호	인천장수초등학교	이동훈	서경초등학교	조소희	참샘초등학교
이혜경	개정초등학교	정광호	아름초등학교	김연상	하안북초등학교	박빛나	목포옥암초등학교	배장헌	구미인덕초등학교
이지현	서울석관초등학교	최지연	서울원명초등학교	조예진	부천중앙초등학교	심하루	세종도원초등학교	김규연	금란초등학교
박다빈	서울연은초등학교	이정민	부천대명초등학교	정혜란	서울행현초등학교	이연정	서울길동초등학교	김고운	구미신평초등학교
김성은	서울역촌초등학교	김성현	인천용학초등학교	서정준	인천부평서초등학교	윤미정	차산초등학교	정요원	갈매초등학교
이지윤	대구새론초등학교	심지현	시흥월곶초등학교	김효주	현동초등학교	이호석	운정초등학교	조민정	다산새봄초등학교

이 책의

구성과 특징

1 개념 사전

그림으로 개념을 한눈에 이해하고, 꼭 알아야 할 교과 개념을 익혀요.

2 개념 확인

짧은 글에서 개념을 찾아보는 연습을 해 보세요.

3 긴 글 읽기

1회독 막연하게 읽지 말고 지문에 따른 읽기 방법을 적용해서
읽어 보세요.

4 구조 읽기

읽은 내용을 구조화하여 정리해 보세요.
2회독 정리가 잘 안 되면 다시 한 번 지문을 꼼꼼하게 읽어요.

5 꼼꼼한 이해

어휘, 글의 정보 등 글의 사실적인 내용을 확인해 보세요.

6 개념의 적용

앞에서 배운 개념이 글에 어떻게 적용되어 있는지 확인해 보세요.

7 생각과 판단

글의 의도, 내용의 옳고 그름 등 추론과 비판 활동을 해 보세요.

8 생각 펼치기

글을 읽고 이해한 자신의 생각을 글로 표현해 보세요.

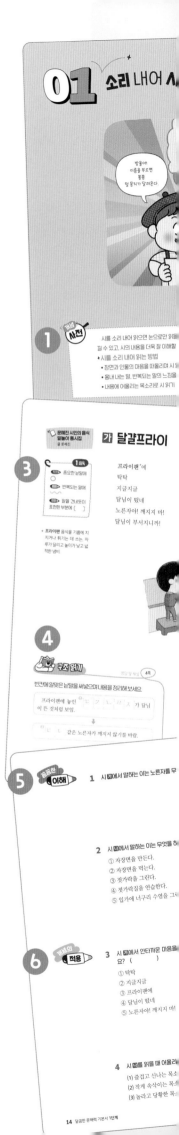

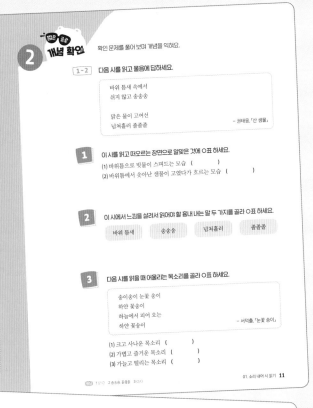

2 개념 확인 확인 문제를 풀어 보며 개념을 익혀요.

[1-2] 다음 시를 읽고 물음에 답하세요.

바위 틈새 속에서
쉬지 않고 송송송

맑은 물이 고여선
넘쳐흘러 졸졸졸

— 권태응, 「산 샘물」

1 이 시를 읽고 떠오르는 장면으로 알맞은 것에 ○표 하세요.
(1) 바위틈으로 빗물이 스며드는 모습 (   )
(2) 바위틈에서 솟아난 샘물이 고였다가 흐르는 모습 (   )

2 이 시에서 느낌을 살려서 읽어야 할 흉내 내는 말 두 가지를 골라 ○표 하세요.

| 바위 틈새 | 송송송 | 넘쳐흘러 | 졸졸졸 |

3 다음 시를 읽을 때 어울리는 목소리를 골라 ○표 하세요.

송이송이 눈꽃 송이
하얀 꽃송이
하늘에서 피어 오는
하얀 꽃송이

— 서덕출, 「눈꽃 송이」

(1) 크고 사나운 목소리 (   )
(2) 가볍고 즐거운 목소리 (   )
(3) 가늘고 떨리는 목소리 (   )

01. 소리 내어 시 읽기 **11**

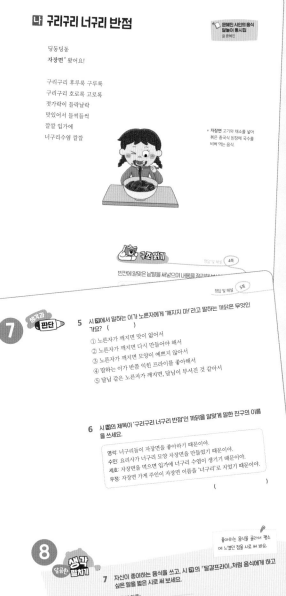

나 구리구리 너구리 반점

딩동딩동
자장면* 왔어요!

구리구리 후루룩 구루룩
구리구리 호로록 고로록
젓가락이 들락날락
맛있어서 들썩들썩
깔깔 입가에
너구리수염 깔깔

* 자장면 고기와 채소를 넣어
볶은 중국식 된장에 국수를
비벼 먹는 음식

구조 읽기

정답 및 해설 4쪽

본문에 알맞은 낱말을 써넣으며 내용을 정리해요.

정답 및 해설 5쪽

7 **살펴보고 판단**

5 시 **가**에서 말하는 이가 노른자에게 '깨지지 마!'라고 말하는 까닭은 무엇인가요? (   )
① 노른자가 깨지면 맛이 없어서
② 노른자가 깨지면 다시 만들어야 해서
③ 노른자가 깨지면 모양이 예쁘지 않아서
④ 말하는 이가 반쯤 익힌 프라이를 좋아해서
⑤ 달님 같은 노른자가 깨지면, 달님이 부서진 것 같아서

6 시 **나**의 제목이 '구리구리 너구리 반점'인 까닭을 알맞게 말한 친구의 이름을 쓰세요.

영석: 너구리들이 자장면을 좋아하기 때문이야.
수민: 요리사가 너구리 모양 자장면을 만들었기 때문이야.
세호: 자장면을 먹으면 입가에 너구리 수염이 생기기 때문이야.
우정: 자장면 가게 주인이 자장면 이름을 '너구리'로 지었기 때문이야.

(   )

8 **생각과 달콤한 발전** 좋아하는 음식을 골라서 평소에 느꼈던 점을 시로 써 봐요.

7 자신이 좋아하는 음식을 쓰고, 시 **가**의 「달걀프라이」처럼 음식에게 하고 싶은 말을 짧은 시로 써 보세요.
• 음식 이름:
• 하고 싶은 말:

01. 소리 내어 시 읽기 **15**

달콤한 문해력 기본서의 **3회독** 학습법

1 회독

글의 내용을 파악하며 읽기

✦ 글의 특성에 따른 읽기 전략 제공
✦ 읽기 전략에 따라 교재의 본문에 메모하며 읽으세요.

2 회독

다시 한 번 꼼꼼하게 읽기

✦ 빠르게 읽기는 읽기 방법이 완성된 뒤에 해도 늦지 않아요.
✦ 내용 정리가 어려울 때는 다시 한 번 본문 내용을 메모하며 읽어요.

3 회독

자신만의 읽기 방법 만들기

✦ **정답 및 해설**의 읽기 예시와 내가 메모한 내용을 비교해 가며 자신만의 읽기 방법을 만들어요.

차례

3주

4주

1 주차 에서 우리는

01 소리 내어 시 읽기

시를 소리 내어 읽으면 눈으로만 읽을 때보다 좋은 점이 많아요. 말소리의 재미를 느낄 수 있고, 시의 내용을 더욱 잘 이해할 수 있지요.

★ 시를 소리 내어 읽는 방법

- 장면과 인물의 마음을 떠올리며 시 읽기
- 흉내 내는 말, 반복되는 말의 느낌을 살려서 시 읽기
- 내용에 어울리는 목소리로 시 읽기

확인 문제를 풀어 보며 개념을 익혀요.

1~2 다음 시를 읽고 물음에 답하세요.

> 바위 틈새 속에서
> 쉬지 않고 송송송
>
> 맑은 물이 고여선
> 넘쳐흘러 졸졸졸
>
> – 권태응, 「산 샘물」

1 이 시를 읽고 떠오르는 장면으로 알맞은 것에 〇표 하세요.

(1) 바위틈으로 빗물이 스며드는 모습 (   )
(2) 바위틈에서 솟아난 샘물이 고였다가 흐르는 모습 (   )

2 이 시에서 느낌을 살려서 읽어야 할 흉내 내는 말 두 가지를 골라 〇표 하세요.

| 바위 틈새 | 송송송 | 넘쳐흘러 | 졸졸졸 |

3 다음 시를 읽을 때 어울리는 목소리를 골라 〇표 하세요.

> 송이송이 눈꽃 송이
> 하얀 꽃송이
> 하늘에서 피어 오는
> 하얀 꽃송이
>
> – 서덕출, 「눈꽃 송이」

(1) 크고 사나운 목소리 (   )
(2) 가볍고 즐거운 목소리 (   )
(3) 가늘고 떨리는 목소리 (   )

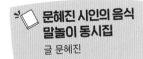
가 달걀프라이

1회독

🖊 중요한 낱말에
○

🖊 반복되는 말에
〰〰

🖊 말을 건네듯이
표현한 부분에 [　　]

프라이팬*에

탁탁

지글지글

달님이 떴네

노른자야! 깨지지 마!

달님이 부서지니까!

● **프라이팬** 음식을 기름에 지
지거나 튀기는 데 쓰는, 자
루가 달리고 높이가 낮고 넓
적한 냄비.

정답 및 해설 **4쪽**

빈칸에 알맞은 낱말을 써넣으며 내용을 정리해 보세요.

프라이팬에 놓인 ① ⟨ㄷ ㄱ ㄴ ㄹ ㅈ⟩ 가 달님
이 뜬 것처럼 보임.

↓

② ⟨ㄷ ㄴ⟩ 같은 노른자가 깨지지 않기를 바람.

2회독 빈칸을 채우지 못했다면 다시 꼼꼼히 읽어요!

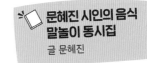
나 구리구리 너구리 반점

딩동딩동
자장면 왔어요!

구리구리 후루룩 구루룩
구리구리 호로록 고로록
젓가락이 들락날락
맛있어서 들썩들썩
깔깔 입가에
너구리수염 깔깔

● **자장면** 고기와 채소를 넣어
볶은 중국식 된장에 국수를
비벼 먹는 음식.

구조읽기

정답 및 해설 4쪽

빈칸에 알맞은 낱말을 써넣으며 내용을 정리해 보세요.

③ [ㅈ][ㅈ][ㅁ] 이 배달됨.

↓

너구리 ④ [ㅅ][ㅇ] 처럼 입가에 자장면을 묻히며 맛있
게 먹음.

2회독 빈칸을 채우지 못했다면 다시 꼼꼼히 읽어요!

1 시 ᄀᆞ에서 말하는 이는 노른자를 무엇이라고 표현했는지 두 글자로 쓰세요.

2 시 ᄂᆞ에서 말하는 이는 무엇을 하고 있나요? (   )

① 자장면을 만든다.
② 자장면을 먹는다.
③ 젓가락을 그린다.
④ 젓가락질을 연습한다.
⑤ 입가에 너구리 수염을 그린다.

3 시 ᄀᆞ에서 안타까운 마음을 담아 부르듯이 읽으면 좋을 부분은 어디인가요? (   )

① 탁탁
② 지글지글
③ 프라이팬에
④ 달님이 떴네
⑤ 노른자야! 깨지지 마!

4 시 ᄂᆞ를 읽을 때 어울리는 목소리를 골라 ○표 하세요.

(1) 즐겁고 신나는 목소리로 (   )
(2) 작게 속삭이는 목소리로 (   )
(3) 놀라고 당황한 목소리로 (   )

5 시 가에서 말하는 이가 노른자에게 '깨지지 마!'라고 말하는 까닭은 무엇인 가요? (   )

① 노른자가 깨지면 맛이 없어서

② 노른자가 깨지면 다시 만들어야 해서

③ 노른자가 깨지면 모양이 예쁘지 않아서

④ 말하는 이가 반쯤 익힌 프라이를 좋아해서

⑤ 달님 같은 노른자가 깨지면, 달님이 부서진 것 같아서

6 시 나의 제목이 '구리구리 너구리 반점'인 까닭을 알맞게 말한 친구의 이름 을 쓰세요.

> 영석: 너구리들이 자장면을 좋아하기 때문이야.
> 수민: 요리사가 너구리 모양 자장면을 만들었기 때문이야.
> 세호: 자장면을 먹으면 입가에 너구리 수염이 생기기 때문이야.
> 우정: 자장면 가게 주인이 자장면 이름을 '너구리'로 지었기 때문이야.

(   )

좋아하는 음식을 골라서 평소 에 느꼈던 점을 시로 써 봐요.

7 자신이 좋아하는 음식을 쓰고, 시 가의 「달걀프라이」처럼 음식에게 하고 싶은 말을 짧은 시로 써 보세요.

• 음식 이름: _____

• 하고 싶은 말: _____

_____

_____

02 받침 있는 글자와 받침 없는 글자

아빠, 어마께

나아 주시고 기러 주셔서 가사해요.
꼬 보다 예쁘고 벼처러 바짜이느 어마 아빠 사라 해요!

윤찬 쓰

자기 이름에는 받침이 있어.

우리 찬이의 편지에는 받침이 없네.

개념
사전

　　받침은 '봄'의 'ㅁ'과 같이 모음자 아래쪽에 있는 자음자를 말해요. 받침이 없는 글자는 '소'처럼 '자음자+모음자'로 이루어지지만, 받침이 있는 글자는 '손'처럼 '자음자+모음자+자음자'로 이루어져요. 글자에 받침이 있고 없고에 따라서 낱말의 뜻이 달라지므로 둘을 구분하여 읽어야 글을 정확하게 이해할 수 있어요.

✦ **받침이 없는 글자의 짜임**

- 받침이 없는 글자는 '자음자 + 모음자'로 되어 있음.
- 자음 오른쪽이나 아래쪽에 모음을 붙여서 글자를 만듦.
  예 나, 새, 오

✦ **받침이 있는 글자의 짜임**

- 받침이 있는 글자는 '자음자 + 모음자 + 자음자'로 되어 있음.
  예 불, 김, 강

확인 문제를 풀어 보며 개념을 익혀요.

1~4 다음 글자를 받침이 있는 글자와 받침이 없는 글자로 나누어 알맞게 선으로 이으세요.

1 창문

2 차

3 문

4 무

① 받침이 있는 글자

② 받침이 없는 글자

5~8 다음 글자에 쓰인 받침을 보기에서 찾아 쓰세요.

┤ 보기 ├

ㄴ   ㄹ   ㅁ   ㅇ

5 팔 ➡

6 콩 ➡

7 뱀 ➡

8 손 ➡

정답 1① 2② 3① 4② 5ㄹ 6ㅇ 7ㅁ 8ㄴ

옛날, 아주 먼 옛날

옛날, 아주 먼 옛날, 그러니까 할머니의 할머니의 할아버지의 할머니의 아버지의 할머니의 할아버지의 아버지의 어머니의 할아버지의 할머니의 어머니의 할머니의 아버지의 할머니의 아버지의 어머니의 아버지의 할머니……보다 더 오래된 때였어요.

그때는 세상이 지금과 퍽 달랐어요. 아파트도 없고 자동차도 없었죠. 사람들은 아직 전기를 만들 줄 몰랐어요. 먼 데까지 소리를 보낼 줄도 몰랐죠. 텔레비전이나 스마트폰도 없었어요. 학교도, 유치원도 없었고요.

그래도 사람들은 무척 씩씩했어요. 힘도 세고, 달리기도 잘했지요. 다 같이 힘을 모아 사슴도 잡고, 곰도 잡았어요. 커다란 고래까지 잡았답니다.

특히 돌을 다루는 솜씨가 뛰어났어요. 사람들은 돌을 깨거나 깎아서 여러 가지 **도구**˚를 만들었어요. 돌도끼로 사냥도 하고, 돌칼로 고기도 잘랐지요. 이때를 '석기 시대'라고 합니다. 돌로 도구를 만들어 쓰던 때라는 뜻이에요.

사람들은 점점 지혜로워졌어요. 동물 가죽으로 옷을 지었고 흙으로 그릇을 빚었어요. 동굴 벽에 멋진 그림도 그렸죠. 차츰 동굴에서 나와 집을 짓고 살게 되었어요. 농사도 짓고 **가축**˚도 기르기 시작했어요.

● **도구**(道 길 도, 具 갖출 구)
일을 할 때 쓰는 물건.

● **가축**(家 집 가, 畜 가축 축)
집에서 기르는 소, 돼지, 닭 등의 동물을 통틀어 이르는 말.

그러던 어느 날, 땅속에서 신기한 쇠붙이를 발견했어요. 구리와 주석이 있었지요. 사람들은 구리와 주석을 뜨거운 불로 녹였어요. 그런 다음 **거푸집**˚에 부어서 차갑게 식히면 짠! 거푸집의 모양에 따라 칼도 되고 거울도 되었어요.

이렇게 구리와 주석을 섞어 만든 도구를 청동기라고 해요. 청동으로 만든 도구라는 뜻이에요. 이때를 '청동기 시대'라고 합니다.

• **거푸집** 속이 비어 있어 거기에 쇠붙이를 녹여 붓는 틀.

구조 읽기
빈칸에 알맞은 낱말을 써넣으며 내용을 정리해 보세요.

정답 및 해설 6쪽

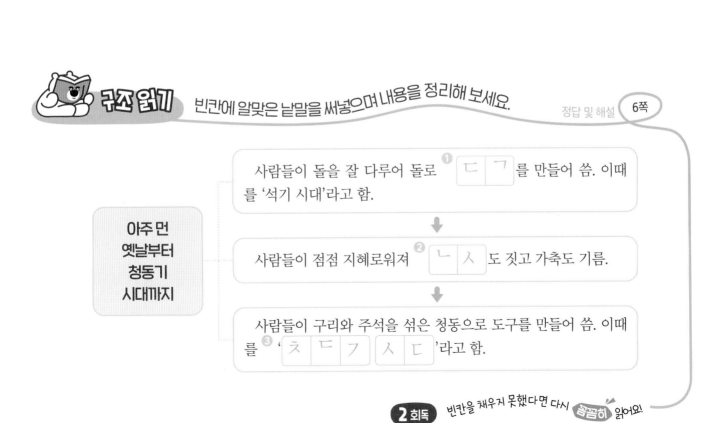

아주 먼
옛날부터
청동기
시대까지

사람들이 돌을 잘 다루어 돌로 ❶ ㄷ ㄱ 를 만들어 씀. 이때를 '석기 시대'라고 함.

↓

사람들이 점점 지혜로워져 ❷ ㄴ ㅅ 도 짓고 가축도 기름.

↓

사람들이 구리와 주석을 섞은 청동으로 도구를 만들어 씀. 이때를 ❸ 'ㅊ ㄷ ㄱ ㅅ ㄷ'라고 함.

2 회독 빈칸을 채우지 못했다면 다시 꼼꼼히 읽어요!

1 이 글에 나오는 시대와 그 시대에 대한 설명으로 알맞은 것을 찾아 선으로 이으세요.

(1) 석기 시대 •

(2) 청동기 시대 •

• ① 청동으로 도구를 만들어 쓰던 때

• ② 돌로 도구를 만들어 쓰던 때

2 이 글을 읽고, 아주 먼 옛날 사람들에게 일어난 일의 순서대로 번호를 쓰세요.

① 농사를 짓고 가축을 길렀어요.
② 땅속에서 신기한 쇠붙이를 발견했어요.
③ 돌을 깨거나 깎아서 여러 가지 도구를 만들었어요.
④ 구리와 주석을 뜨거운 불로 녹여서 도구를 만들었어요.

(   ) ➡ (   ) ➡ (   ) ➡ (   )

3 받침이 있는 글자로 이루어진 낱말에 ○표, 받침이 없는 글자로 이루어진 낱말에 △표 하세요.

| 아파트 | 동굴 | 고래 | 청동 |

(   )   (   )   (   )   (   )

4 밑줄 친 낱말에 쓰인 받침과 같은 받침이 쓰인 낱말에 ○표 하세요.

'석기 시대'는 돌로 도구를 만들어 쓰던 때를 뜻해요.

(1) '돌'과 같은 받침이 쓰인 낱말: (닻, 말, 문)

(2) '뜻'과 같은 받침이 쓰인 낱말: (갓, 솔, 윷)

5 다음 동물들이 하는 말을 보고, 사람들이 자신들을 잡을 수 있었던 까닭을 알맞게 말한 동물을 쓰세요.

사람들은 나보다 힘이 약한데, 운이 좋았어.

사람들은 싸움을 잘해서 우리를 잡을 수 있었어.

사람들은 도구를 사용하고 힘을 모아서 우리를 잡을 수 있었어.

곰   고래   사슴

(   )

6 이 글을 읽고 느낀 점을 알맞게 말한 친구의 이름을 쓰세요.

리안: 시간이 지나면서 도구를 만드는 재료와 방법이 달라졌네.
지수: 옛날에는 오늘날보다 도구가 많아서 살기가 더 편했을 것 같아.
수호: 돌은 불에 잘 녹아서 사람들이 도구 모양을 마음대로 만들 수 있었던 거야.

(   )

내 주변에 있는 물건 중에서 아주 옛날에는 없었을 물건을 찾아봐요.

7 (1) '받침이 없는 낱말'과 (2) '받침이 있는 낱말'을 한 개씩 넣어 문장을 완성하세요.

아주 먼 옛날에는 세상이 지금과 퍽 달랐어요.

(1) _____ 도 없었고,

(2) _____ 도 세상에 없었어요.

03 낱말과 문장

문장은 여러 개의 낱말로 이루어져 있어요. '누나', '가', '김밥', '을', '만들었다' 각각의 낱말들이 모여서 '누나가 김밥을 만들었다.'라는 문장이 완성되지요. 글을 읽을 때는 낱말의 뜻을 알아야 문장의 내용도 잘 이해할 수 있어요.

+ 낱말 말뜻을 가지고 있는 낱낱의 말로 '단어'라고도 함.

+ 문장 생각이나 마음을 표현할 때 내용을 완성해서 나타내는 가장 작은 단위. 문장이 끝났다는 것을 알려 주는 마침표(.), 느낌표(!), 물음표(?) 같은 문장 부호가 들어감.

짧은 글로
개념 확인

확인 문제를 풀어 보며 개념을 익혀요.

1~8 **다음 중에서 낱말에는 ○표 하고, 문장에는 △표 하세요.**

1 나비

(   )

2 나비가 날아다닌다.

(   )

3 지수가 학교에 간다.

(   )

4 가다

(   )

5 여우와 두루미가 만났다.

(   )

6 여우

(   )

7 산들산들

(   )

8 바람이 산들산들 분다.

(   )

정답 1○ 2△ 3△ 4○ 5△ 6○ 7○ 8△

빵을 떨어뜨릴 때 일어나는 일

1회독

⬭ 중요한 낱말에
○
⬭ 글쓴이가 하고
싶은 말에 [   ]

　곰돌이는 식빵에 딸기잼을 발라서 맛있게 먹으려고 했어요. 그런데 식탁에 놓아둔 식빵이 철푸덕 하고 바닥으로 떨어졌어요. 그것도 하필 잼 바른 쪽으로요. 바닥에는 끈적한 딸기잼이 묻었어요.

　"또 이러네? 어제도 이랬는데! 난 운이 나빠."

　곰돌이는 울상을 지으며 더러워진 식빵을 들고 털썩 주저앉았어요.

　그때 꼬마 과학자 단우가 곰돌이에게 말했어요.

　"곰돌아, 그건 운이 나쁜 게 아니야."

　"어째서?"

　"너만 그런 게 아니거든. 식빵은 잼 바른 쪽이 바닥으로 떨어지는 일이 더 많아."

　"왜 그런 거지? 궁금한걸."

　단우는 곰돌이에게 잼 바른 식빵 **실험**˚을 했던 과학자의 이야기를 들려주었어요.

　"영국의 수학자이자 과학자인 로버트 매튜는 식빵이 잼 바른 쪽으로 바닥에 떨어지는 게 **우연**˚이 아닐 거라고 생각했대. 그래서 잼 바른 식빵을 떨어뜨리는 실험을 9,821번이나 했어!"

　"그래서 어떻게 됐는데?"

　단우는 책을 찾아서 곰돌이에게 보여 주었어요.

　"잼 바른 쪽으로 6,101번, 다른 쪽으로 3,720번 떨어졌대."

　"그러면 잼을 바른 쪽으로 떨어진 게 더 많은 거네!"

　"과학자 매튜는 그 까닭도 알아냈어. 잼을 바른 쪽이 좀 더 무거워서 그렇대. 그리고 식탁의 높이와 잼이 떨어질 때 움직이는 모

• **실험**(實 열매 실, 驗 시험 험) 과학에서, 이론이나 현상을 관찰하고 재는 것.

• **우연**(偶 짝 우, 然 그럴 연) 뜻하지 않게 일어나는 일.

습도 **관찰**˙했어. 식빵은 한 바퀴가 아니라 반 바퀴 정도 돌아서 잼이 묻은 쪽으로 뒤집어지는 경우가 더 많았대. 그러니까, 곰돌이 네 식빵이 매번 잼 바른 쪽으로 바닥에 떨어진 것은 네가 운이 나빠서가 아니라, 잼을 바른 쪽으로 떨어지기가 더 쉽기 때문이야."

여러분도 곰돌이처럼 좋지 않은 일이 벌어졌을 때, 운이 나쁘다고 생각한 적 있나요? 곰돌이의 잼 바른 식빵처럼 정말 운이 나빠서가 아니라 다른 까닭이 있을 수 있어요. 로버트 매튜는 나쁜 일이 생기면 속상해하기보다는 왜 그럴까 하고 생각해 봤다고 해요. 우리도 나쁜 일이 벌어졌을 때 운이 나쁘다며 속상해하지만 말고 과학자의 눈으로 생각해 봐요.

• **관찰**(觀 볼 관, 察 살필 찰) 사물이나 어떤 일을 주의하여 자세히 살펴봄.

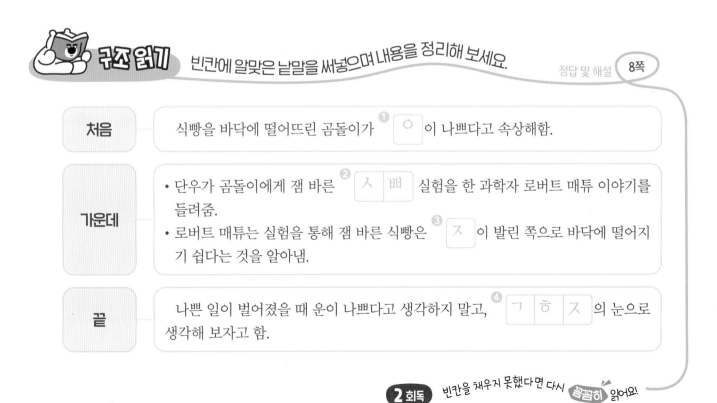

구조 읽기 빈칸에 알맞은 낱말을 써넣으며 내용을 정리해 보세요.

정답 및 해설 8쪽

처음	식빵을 바닥에 떨어뜨린 곰돌이가 ❶ ㅇ 이 나쁘다고 속상해함.
가운데	• 단우가 곰돌이에게 잼 바른 ❷ ㅅ ㅃ 실험을 한 과학자 로버트 매튜 이야기를 들려줌. • 로버트 매튜는 실험을 통해 잼 바른 식빵은 ❸ ㅈ 이 발린 쪽으로 바닥에 떨어지기 쉽다는 것을 알아냄.
끝	나쁜 일이 벌어졌을 때 운이 나쁘다고 생각하지 말고, ❹ ㄱ ㅎ ㅈ 의 눈으로 생각해 보자고 함.

2 회독 빈칸을 채우지 못했다면 다시 꼼꼼히 읽어요!

1 식빵이 잼이 발린 쪽으로 바닥에 떨어지자 곰돌이가 한 생각은 무엇인가요? 빈칸에 알맞은 말을 이 글에서 찾아 쓰세요.

곰돌이는 [ ] 이 나쁘다고 생각했어요.

2 로버트 매튜가 '잼 바른 식빵을 떨어뜨리는 실험'을 하고 알아낸 것으로 알맞은 것을 찾아 ○표 하세요.

(1)
잼을 바른 식빵은 잼이 발린 쪽이 더 무겁기 때문에 잼 바른 쪽으로 바닥에 떨어지기 쉽다.

( )

(2)
잼을 바른 식빵이 잼이 발린 쪽으로만 떨어지는 것은 식빵이 한 바퀴 정도 돌아서 떨어졌기 때문이다.

( )

3 보기에서 알맞은 낱말을 골라 빈칸을 채워 문장을 완성하세요.

┤ 보기 ├
들려주었다   식빵   곰돌이

(1) 우리 내일 아침에 ( )을 먹자.
(2) ( )는 운이 나쁘다고 생각했다.
(3) 단우는 곰돌이에게 과학자의 이야기를 ( ).

4 이 글의 내용을 문장으로 알맞게 말한 친구는 누구인가요? ( )

① 혜수: 식빵 딸기잼
② 진호: 딸기잼 골고루 식빵
③ 어진: 딸기잼 바르지 않은.
④ 민수: 딸기잼을 바른 식빵, 로버트 매튜의 실험
⑤ 나영: 식빵이 잼 바른 쪽으로 떨어진 것은 운이 나빠서가 아니다.

5 로버트 매튜가 잼 바른 식빵을 떨어뜨리는 실험을 한 까닭은 무엇인가요? (   )

① 잼 바른 식빵을 발명하기 위해서
② 잼 바른 식빵의 무게를 알아보기 위해서
③ 좋지 않은 일이 자꾸 벌어지는 것을 막기 위해서
④ 식빵을 잼이 발린 쪽으로 떨어뜨리지 않게 연습하려고
⑤ 식빵이 잼이 발린 쪽으로 떨어지는 까닭이 있을 거라고 생각해서

6 다음 중 로버트 매튜와 비슷한 생각을 한 친구의 이름을 쓰세요.

좋지 않은 일이 생기는 건 운이 나빠서가 아니야. 모든 일에는 까닭이 있어.

서준

나쁜 일이 자꾸 벌어지는 건 운이 나빠서야. 운이 좋아지려면 네잎클로버를 찾아야 해!

다을

(   )

마음에 드는 낱말을 골라서, 생각이나 느낌을 글줄로 써 보아요.

7 보기에서 낱말을 골라 빈칸에 들어갈 알맞은 문장을 만들어 보세요.

┤ 보기 ├

먹다   곰돌이   식빵

낱말은 '먹다, 곰돌이, 식빵'과 같이 말뜻을 가지고 있는 낱낱의 말이에요.

문장은 "_____"와 같이 생각이나 마음을 표현할 때 내용을 완성해서 나타내는 가장 작은 단위예요.

04 설명하는 대상

설명하는 글을 읽을 때 무엇을 설명하는 것인지 잘 알고 읽으면 글의 내용을 더 잘 이해할 수 있어요.

→ **설명하는 대상** 다른 사람한테 무엇인가를 알려 주는 것을 '설명'이라고 하고, 설명하려는 어떤 것을 '대상'이라고 함. 설명 대상은 물건일 수도 있고, 사람이나 동물일 수도 있고, 어떤 사건일 수도 있음.

1~2 **다음 글에서 설명하는 대상으로 알맞은 것을 찾아서 ○표 하세요.**

1

봄에 길가를 하얗게 물들이는 벚꽃은 벚나무의 꽃이에요. 벚꽃은 꽃잎이 다섯 장이고, 꽃이 달린 꽃자루가 길어요. 꽃잎의 크기는 손톱만 하고, 꽃잎 가장자리의 가운데가 움푹 패어 있어요.

(1) (   )

(2) (   )

2

나침반은 방향을 알려 주는 물건이에요. 둥근 모양의 판에는 동쪽(E), 서쪽(W), 남쪽(S), 북쪽(N)을 가리키는 글자가 쓰여 있어요. 나침판의 바늘은 항상 남쪽과 북쪽을 가리키기에 이것을 보면 동서남북이 어느 쪽인지 알 수 있어요.

(1) (   )

(2) (   )

신기한 바다 생물

1회독

🏷 설명 대상에
○
🏷 중요한 문장에
〰️

지구의 많은 부분을 차지하는 바다! 바다에는 다양한 생물이 살고 있어요. 바위 밑에는 물풀과 거북손, 물속에는 바닷물고기와 바다거북, 물가에는 물개와 바다표범들이 살고 있지요. 이 외에 또 어떤 신기한 바다 생물들이 살고 있는지 살펴볼까요?

먼저 앞발을 잘 쓰는 바다 생물 해달을 소개합니다. 얼굴이 동그랗게 생긴 해달은 앞발을 손처럼 사용해요. 앞발로 돌멩이를 들고 배 위에 올려놓은 조개를 탁탁 깨서 냠냠 먹어요. 해달은 주로 누워서 헤엄을 쳐요. 물에 뜬 채 잠을 잘 정도로 수영을 잘하고, 잠수에도 **능숙하지요**˚. 그런데 해달이 물에 떠서 자다가 파도에 휩쓸려 떠내려가면 큰일이지요? 그래서 해달은 미역 같은 해조류로 몸을 묶어 놓고, 둥실둥실 떠서 잠을 자기도 해요.

다음은 바다를 수영하는 새 펭귄입니다. 펭귄은 날개가 있지만 다른 새들처럼 날지 않고 바다에서 수영하는 것을 선택했어요. 왜 그랬을까요? 과학자들은 펭귄이 좋아하는 먹이가 바닷속에 많기 때문이라고 짐작해요. 펭귄은 새우, 오징어, 물고기를 좋아하거든요. 그렇다면 펭귄의 날개는 쓸모가 없을까요? 아니에요. 펭귄의 날개는 바닷속에서 지느러

• **능숙**(能 능할 능, 熟 익을 숙)**하다** 뛰어나고 익숙하다.

미처럼 움직여요. 펭귄은 물속 170~200미터 깊이까지 잠수하고, 최대 26킬로미터의 거리를 헤엄쳐서 갈 수 있어요. 물고기들이 친구할 만하지요?

색은 주황색이고 모양은 울퉁불퉁한 바닷속 변신 대장은 누구일까요? 바로 멍게예요. 몸길이는 5~15센티미터이고 빨갛고 조그만 파인애플같이 생긴 멍게는 처음 알에서 나올 때는 이런 생김새가 아니에요. 올챙이나 물고기처럼 꼬리가 있고, 물속을 요리조리 헤엄치고 다니지요. 그러다가 3일째가 되면 머리 부분을 바위에 찰싹 붙여요. 그때부터 멍게는 마치 식물이 뿌리를 내리듯이 거기에 평생 붙어서 살아요. 울퉁불퉁한 쪽에 난 **입수 구멍**°으로 물과 함께 **플랑크톤**°을 빨아들이고, 바위에 붙은 쪽에 난 **출수 구멍**° 으로 물을 내뿜으면서 숨을 쉬어요. 멍게는 10월 중순부터 알을 낳는데, 하루에 12,000개나 낳는답니다. 그 알이 자라면 다시 자그마한 올챙이 같은 모습이 되어 바다를 떠다녀요.

바다 생물들은 생김새도, 살아가는 방법도 놀라워요. 갯벌이나 바다에 가면, 누가 살고 있는지 꼭 들여다보세요. 그리고 이렇게 소중하고 신기한 바다 생물들과 오래 같이 살 수 있게, 바다 환경을 보호해 주세요.

- **입수 구멍** 물이 들어오는 구멍.
- **플랑크톤** 물속에서 물결에 따라 떠다니는 작은 생물을 통틀어 이르는 말.
- **출수 구멍** 물을 내보내는 구멍.

구조 읽기 빈칸에 알맞은 낱말을 써넣으며 내용을 정리해 보세요.

정답 및 해설 10쪽

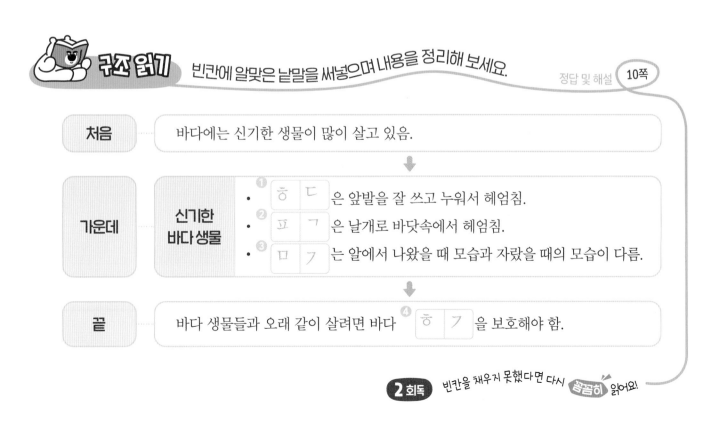

| 처음 | 바다에는 신기한 생물이 많이 살고 있음. |

신기한 바다 생물
- ① ㅎ ㄷ 은 앞발을 잘 쓰고 누워서 헤엄침.
- ② ㅍ ㄱ 은 날개로 바닷속에서 헤엄침.
- ③ ㅁ ㄱ 는 알에서 나왔을 때 모습과 자랐을 때의 모습이 다름.

| 끝 | 바다 생물들과 오래 같이 살려면 바다 ④ ㅎ ㄱ 을 보호해야 함. |

2 회독 빈칸을 채우지 못했다면 다시 **꼼꼼히** 읽어요!

1 이 글의 중심 글감은 무엇인지 빈칸에 들어갈 알맞은 말을 쓰세요.

바다에 사는 신기한 ☐☐ ☐☐

2 이 글에 나온 바다 생물에 대해 알맞게 말한 친구의 이름을 쓰세요.

울퉁불퉁한 모양의 주황색 변신 대장은 해달이야.

혜리

날지 못하고 바다에서 수영하는 바닷새는 펭귄이야.

범희

앞발을 잘 쓰는 바다 생물은 멍게야.

윤빈

( )

3 이 글에서 설명한 대상이 <u>아닌</u> 것에 ×표 하세요.

(1) ( )

(2) ( )

(3) ( )

(4) ( )

4 다음 글에서 '나'는 어떤 바다 생물인지 두 글자로 쓰세요.

> 나는 바닷물에 뜬 채로 잠을 자요. 이때 파도에 휩쓸려 떠내려가지 않도록 미역 같은 해조류로 몸을 감아요.

( )

5 다음은 이 글을 읽고 멍게에 대해 정리한 내용이에요. 다음 글에 나오지 **않**는 내용은 무엇인가요? ( )

> 멍게에 대한 글을 읽고 재미있어서 멍게에 대해 정리해 보았다.
>
> 멍게의 몸길이는 5~15센티미터로 내 주먹보다 조금 크다. 색깔은 빨간색이나 주황색인데 끝부분이 더 진한 색이며 파인애플처럼 울퉁불퉁하게 생겼다. 멍게는 식물처럼 바위에 찰싹 달라붙어서 사는데 입수 구멍과 출수 구멍을 이용해 먹이를 먹고, 숨을 쉰다.

▲ 멍게

① 색깔   ② 생김새   ③ 몸길이

④ 사는 방법   ⑤ 알 낳는 때

> 설명하는 글을 본 사람이 설명 대상을 잘 알 수 있도록 이해하기 쉽게 써요.

6 내 책상 위의 물건 중 하나를 골라, 모양과 쓰임새를 설명해 보세요.

내 책상 위에는 _____ (이/가) 있다. 이것의 모양은

_____

_____

이것의 쓰임새는 _____

_____

_____

05 겪은 일을 쓴 글

겪은 일을 쓴 글은 일기처럼 글쓴이가 실제로 경험한 일을 쓴 것을 말해요. 이런 글에는 글쓴이가 어떤 일을 겪었는지, 어떤 생각과 느낌이 들었는지 솔직하게 드러나 있어요.

+ **겪은 일을 쓴 글**

• 글쓴이가 생활 속에서 경험한 일이 드러남.

• 경험한 일에 대한 글쓴이의 생각이나 느낌이 담겨 있음.

+ **겪은 일을 쓰는 방법**

• 내가 겪은 일 중 글로 쓰고 싶은 것 떠올리기

• 경험에 대한 내 생각이나 느낌 떠올리기

• 자유롭게 글로 표현하기

확인 문제를 풀어 보며 개념을 익혀요.

1 경험을 나타낸 문장과 생각이나 느낌을 나타낸 문장을 찾아 선으로 이으세요.

(1) 경험을 나타낸 문장 •

(2) 생각이나 느낌을 나타낸 문장 •

• ① 보물을 두 개나 찾아서 기분이 좋았다.

• ② 공원으로 소풍을 가서 보물찾기를 했다.

2 다음 글을 읽고, 글쓴이가 겪은 일로 알맞은 것에 ○표 하세요.

> 우리집 강아지 콩이가 며칠 전부터 누워만 있다. 동물병원에 가 보니, 의사 선생님은 콩이가 설사병이 났다고 했다. 산책하다가 무엇인가를 잘못 먹은 것 같다. 콩이가 걱정된다.

(1) 강아지 콩이가 아파 동물병원에 다녀옴. (   )
(2) 강아지 콩이와 산책 중에 콩이가 크게 다침. (   )

3 다음 글을 읽고, 겪은 일에 대한 글쓴이의 생각이나 느낌으로 알맞은 것에 ○표 하세요.

> 앞니를 빼고 학교에 갔다. 친구들이 내 이만 보는 것 같아서 신경이 쓰였다. 내가 자꾸 입을 가리자, 짝이 말했다.
> "우리 할머니가 그러시는데 까치가 헌 이를 가져가고 새 이를 준대."
> 짝 얼굴을 보니, 짝도 앞니가 빠져 있었다. 짝이 오늘따라 더 예뻐 보였다.

(1) 앞니만 보는 친구들이 미워 보임. (   )
(2) 나처럼 앞니가 빠진 짝이 예뻐 보임. (   )

이모를 따라 요가 배운 날

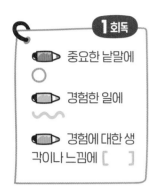

1회독

- 중요한 낱말에
- 경험한 일에
- 경험에 대한 생
각이나 느낌에 [   ]

텔레비전을 보던 이모가 내게 발을 쭉 편 상태에서 허리를 굽혀 손으로 발끝을 잡을 수 있는지 물었다. 나는 손을 쭉 뻗어 보았다. 손이 무릎까지밖에 닿지 않았다.

"동하는 **유연성**˚이 없네! **요가**˚ 하면 몸이 쭉쭉 펴져서 키도 큰다!"

이모는 이렇게 말한 뒤 나를 체육관으로 데리고 갔다.

체육관에서 방송 댄스를 마치고 나오는 수빈이와 하진이를 만났다.

"어? 동하야, 너 요가 해? 우리도 한번 같이 가 볼래!"

수빈이와 하진이가 이온 음료를 홀짝이며 말했다.

수업이 시작되자 요가 선생님이 들어오셔서 **자세**˚를 가르쳐 주셨다. 나는 말랑한 요가 매트에 앉아서 선생님의 동작을 따라 했지만 잘 안 됐다. 이모는 "끙!" 하고 힘주는 소리를 내거나 "휴!" 하고 한숨을 내쉬었다. 이모도 나처럼 서툴기는 마찬가지였다.

요가에는 동물 이름을 딴 자세가 많았는데, 그것이 신기했다. 견상 자세는 개들이 기지개를 켜는 것처럼, 엉덩이를 치켜든 채 손과 발을 바닥에 두고 쭉 펴는 자세였다. 고양이 자세는 두 손과 두 무릎을 각각 어깨너비만큼 벌린 뒤, 머리를 숙이고 허리를 천장 쪽으로 둥글게 끌어 올리는 자세였다. 코브라 자세는 피리를 불면 나오는 코브라 뱀처럼, 엎드린 상태에서 윗몸만 일으키는 자세였다. 코브라 자세를 따라 하다 거울을

- **유연성**(柔 부드러울 유, 軟 부드러울 연, 性 성품 성) 딱딱하지 않고 부드러운 성질.
- **요가** 자세와 호흡을 가다듬는 인도의 심신 단련법의 하나.
- **자세**(姿 맵시 자, 勢 기세 세) 어떤 동작이나 행동을 할 때 몸의 모양.

보니 수빈이와 하진이도 열심히 코브라 자세를 하고 있었다. 그 모습을 보니 나도 모르게 웃음이 나왔다.

요가 자세 중에는 아기 자세도 있었다. 엄마 뱃속에 있는 아기처럼 몸을 웅크리고 있는 자세였다. '이게 무슨 운동이 되나?' 나한테는 아기 자세가 가장 쉬웠다. 요가 선생님은 마지막으로 "사바아사나, 시체 자세."라고 말했다.

"눈을 감고 온몸의 힘을 빼세요. 내 몸이 요가 매트 속으로 녹아들어 갑니다."

땀이 식고, 머릿속을 맴돌던 생각들이 가라앉았다. 요가 선생님이 이제 일어나라고 하셨을 때는 마음이 **차분해져**˚ 있었다.

요가를 마치고 이모가 나와 친구들에게 떡볶이를 사 주셨다. 역시나 떡볶이는 맛있었다. 나와 친구들은 앞으로 화요일, 목요일 저녁마다 요가를 하기로 했다. 오늘 밤 자기 전에 **이부자리**˚에서 요가 자세를 연습해 봐야겠다.

- **차분하다** 마음이 가라앉아 조용하다.
- **이부자리** 이불과 요를 통틀어 이르는 말.

 **구조 읽기** 빈칸에 알맞은 낱말을 써넣으며 내용을 정리해 보세요.

정답 및 해설 12쪽

경험한 일	경험에 대한 생각이나 느낌
• 이모를 따라 체육관에 갔다가 수빈이와 하진이를 만남. • 이모와 함께 ❶ ㅇㄱ 수업을 받음. • 요가를 마치고 이모가 나와 친구들에게 떡볶이를 사 주셔서 맛있게 먹음.	• 이모도 나처럼 요가가 서툴기는 마찬가지였음. • 요가에는 ❷ ㄷㅁ 이름을 딴 자세가 많아서 신기했음. • 다양한 자세 중에 ❸ ㅇㄱ 자세가 가장 쉬웠음. • 요가를 마치고 마음이 ❹ ㅊㅂ 해짐.

2회독 빈칸을 채우지 못했다면 다시 꼼꼼히 읽어요!

1 그림을 보고, 이 글에서 일이 일어난 순서대로 번호를 쓰세요.

(1)   (2)   (3)

(   ) ➡ (   ) ➡ (   )

2 이 글에 나온 요가 자세와 그에 대한 설명으로 알맞은 것을 찾아 선으로 이으세요.

(1) 견상 자세 •

(2) 아기 자세 •

(3) 코브라 자세 •

• ① 엎드린 상태에서 윗몸만 일으키는 자세

• ② 엉덩이를 치켜든 채 손과 발을 바닥에 두고 쭉 펴는 자세

• ③ 엄마 뱃속에 있는 아기처럼 몸을 웅크리고 있는 자세

3 동하가 겪은 일이 <u>아닌</u> 것에 ✕표 하세요.

(1) 이모를 따라 요가를 배웠다. (   )

(2) 친구들과 함께 방송 댄스를 배웠다. (   )

(3) 요가를 하고 난 뒤 떡볶이를 먹었다. (   )

(4) 체육관에서 수빈이와 하진이를 만났다. (   )

4 동하가 요가를 하며 생각하거나 느낀 점으로 알맞은 것에 ○표 하세요.

(1) 요가 자세 중 쉬운 자세는 없다고 생각했다. (   )

(2) 이모가 요가를 잘하는 모습을 보고 부러웠다. (   )

(3) 수빈이와 하진이가 코브라 자세를 따라 하는 모습을 보고 웃음이 나왔다. (   )

5 이 글을 읽고 알 수 있는 요가의 좋은 점 두 가지를 고르세요.

(,   )

① 몸이 유연해진다.
② 마음이 차분해진다.
③ 떡볶이를 먹을 수 있다.
④ 친구들과 친해질 수 있다.
⑤ 동물들에 대해서 알 수 있다.

6 이 글을 읽고 자신의 생각을 알맞게 말하지 <u>못한</u> 친구의 이름을 쓰세요.

> 태민: 매주 꾸준히 요가를 하면 동하의 몸이 유연해질 것 같아.
> 윤정: 나도 요가를 해 본 적이 있어서 차분해지는 그 기분을 알 것 같아.
> 동훈: 요가에 동물 이름을 딴 자세가 많은 걸 보면, 동물들이 사람을 흉내 낸 것 같아.
> 승희: 축구처럼 많이 뛰는 운동만 건강에 좋은 줄 알았는데 요가처럼 매트 위에서 하는 운동도 좋은 것 같아.

(   )

> 학교 체육 시간이나, 동네 놀이터, 태권도 학원 등에서 있었던 일을 떠올려 보아요. 그리고 그 일을 통해 알게 된 점과 느낀 점을 써 보아요.

7 동하처럼 몸을 움직이는 운동을 해 본 경험을 써 보세요.

• 겪은 일: _____

• 알게 된 점: _____

• 느낀 점: _____

2 주차 에서 우리는

06 시의 재미있는 부분

비 오는 날,
똑똑똑 빗방울 소리 들어 봐.

하늘이 드럼 연주하면
리듬 타며 춤추는 방울들.

'똑똑똑' 비가 내리는 소리가 들리는 것 같아.

하늘이 드럼을 연주한다고 상상한 부분이 재미있어.

빗방울이 떨어지는 모습이 춤추는 것 같다고 한 말이 기억에 남아.

개념 사전

시에는 여러 가지 재미있는 부분들이 있어요. 시의 재미있는 부분을 찾으며 시를 읽으면 시 읽기가 더욱 즐거워질 거예요.

✦ **시를 읽고 재미있는 생각이나 표현을 찾는 방법**

• 시를 읽고 자신이 재미있다고 느낀 부분 떠올리기

예 새로운 표현을 사용한 부분, 소리와 모양을 흉내 내는 말을 넣어 실감 나게 표현한 부분, 글자 수를 똑같이 맞춰서 표현한 부분

• 그 부분이 재미있다고 느낀 까닭 생각하기

확인 문제를 풀어 보며 개념을 익혀요.

1~2 **다음 시가 재미있는 까닭을 알맞게 말하지 <u>못한</u> 것에 ✕표 하세요.**

1
> 너하구 나하구 살구나무
> 방귀 뿡뿡 뿡나무
> 바람 솔솔 솔나무
> 방귀 쌀쌀 싸리나무
>
> — 「가자 가자 감나무」

(1) 흉내 내는 말이 재미있다. (　　　　)

(2) 나무 이름 설명이 재미있다. (　　　　)

(3) 등장인물의 성격이 재미있다. (　　　　)

2
> 두껍아 두껍아,
> 헌 집 줄게 새집 다오.
> 까치야 까치야,
> 헌 이 줄게 새 이 다오.
>
> — 「두꺼비 집짓기 놀이」

(1) 글자 수를 똑같이 맞춰서 반복한 부분이 재미있다. (　　　　)

(2) 두꺼비와 까치가 각각 갖고 싶어 하는 것을 주겠다는 표현이 재미있다.
(　　　　)

(3) 두꺼비와 까치에게 각각 헌것을 주고 새것을 달라고 하는 말이 재미있다.
(　　　　)

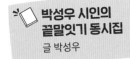

가 개미 미술관

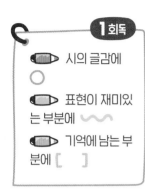
1회독

🔖 시의 글감에 ◯

🔖 표현이 재미있는 부분에 〰️

🔖 기억에 남는 부분에 [　]

● **미술관**(美 아름다울 미, 術 꾀 술, 館 객사 관) 미술품을 전시하는 시설.

㉠개미 **미술관**에 갈 땐
돋보기를 가져가야 해
개미 미술관 그림은
개미만큼 작아서 잘 안 보이거든!

**구조읽기**

정답 및 해설 **14쪽**

빈칸에 알맞은 낱말을 써넣으며 내용을 정리해 보세요.

1연
개미 미술관의 그림은 크기가 작아서
① ㄷ ㅂ ㄱ 로 보아야 함.

2회독 빈칸을 채우지 못했다면 다시 꼼꼼히 읽어요!

나 우리나라 참새들

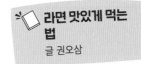

라면 맛있게 먹는 법

글 권오삼

참새들이 나뭇가지에 앉아
'짹짹가'를 부르고 있다

짹짹짹짹 짹짹짹짹
째재잭 째재잭

ⓒ우리나라 참새들
'짹짹가' 모르는 참새 없다

'짹짹가' 모르면
우리나라 참새 아니다

구조 읽기

정답 및 해설 14쪽

빈칸에 알맞은 낱말을 써넣으며 내용을 정리해 보세요.

| 1, 2연 | ㅊ ㅅ 들이 나뭇가지에 앉아 짹짹가를 부름. |

↓

| 3, 4연 | 우리나라 참새들은 모두 ㅉ ㅉ ㄱ 를 앎. |

2회독 빈칸을 채우지 못했다면 다시 꼼꼼히 읽어요!

06. 시의 재미있는 부분 **45**

1 시 **가**와 **나**를 읽고 떠오르는 장면을 알맞게 선으로 이으세요.

(1) **가** 개미 미술관 •

• ① 나뭇가지에 앉아 지저귀는 참새들

(2) **나** 우리나라 참새들 •

• ② 개미들이 그린 아주 작은 그림을 전시한 미술관

2 시 **나**에서 '짹짹가'는 무엇인가요? (   )

① 가사가 단순한 노래

② 우리나라 참새들이 내는 소리

③ 시인이 참새들에게 지어 준 노래

④ 참새들이 시인에게 알려 준 노래

⑤ 우리나라 새들만 즐겨 듣는 소리

3 시 **가**와 **나**를 읽고 재미있는 부분을 알맞게 말한 친구의 이름을 쓰세요.

> **가** 「개미 미술관」에서 작은 개미를 놀리며, 개미 미술관은 개미보다 더 작을 것이라고 표현한 것이 재미있어.

민호

> **나** 「우리나라 참새들」에서 참새들이 내는 소리를 흉내 내는 말로 실감 나게 표현한 것이 재미있어.

하진

(   )

4 시 **가**에서 ㉠은 무엇을 재미있게 표현한 것인가요? (   )

① 시인이 돋보기로 개미를 관찰했던 경험

② 개미 미술관에서 돋보기를 가져오라고 했던 경험

③ 미술관에 갈 때에 돋보기를 가져가는 것이 예의라는 생각

④ 개미 구멍 속으로 돋보기를 가져가는 것이 어렵다는 생각

⑤ 개미 미술관 그림은 개미처럼 작아서 잘 안 보일 거라는 생각

5 시 **나**에서 ⓒ의 까닭으로 알맞은 것은 무엇인가요? ( )

① 참새들이 학교에 가면 꼭 '짹짹가'를 배워서

② 참새들은 '짹짹가'를 모르면 외톨이가 되어서

③ 우리나라에서는 참새가 내는 소리를 '짹짹'이라고 해서

④ '짹짹' 소리를 잘 낼 수 있는 참새는 우리나라 참새뿐이어서

⑤ 우리나라 참새들은 아기 참새에게 '짹짹' 소리를 가르쳐 주어서

6 시 **나**를 읽은 친구들이 다음 내용을 보고 이야기를 나누고 있어요. 시 **나**와 다음 글을 알맞게 이해한 친구를 찾아 ○표 하세요.

> **고양이의 울음소리를 나타내는 말**
> - 우리나라: 야옹   • 일본: 냐(にゃー)
> - 미국: 미야우(miaow)   • 중국: 미아오미아오(喵喵)

(1) 나래: 같은 고양이라도 나라마다 울음소리를 다르게 낸다는 사실이 신기해. ( )

(2) 승주: 고양이가 내는 소리는 비슷할 텐데, 나라마다 울음소리를 나타 내는 말이 다른 점이 재미있어. ( )

> 📎 동물의 울음소리를 흉내 내는 말을 떠올려 봐요. 그리고 그 소리에 무슨 뜻이 있을지 재미있게 상상해 봐요.

7 보기 중에서 글감을 골라 흉내 내는 말을 넣어 시를 써 보세요.

> ┤ **보기** ├
> 매미   강아지   병아리   귀뚜라미

제목: 우리나라 _____

우리나라 _____ 들은 이렇게 얘기해.

07 문장 부호

문장 부호에는 여섯 가지 종류가 있는데 각각의 쓰임이 달라요. 문장 부호를 알면 글의 흐름을 쉽게 파악하고 문장의 쓰임을 정확하게 알 수 있어요.

✦문장 부호

- 쉼표 $\boxed{,\ }$: 부르는 말이나 대답하는 말 뒤에, 같은 자격의 낱말들을 늘어놓을 때 씀.

- 마침표 $\boxed{.\ }$: 일반적인 문장의 끝에 씀.

- 물음표 $\boxed{?}$: 묻는 문장의 끝에 씀.

- 느낌표 $\boxed{!}$: 느낌을 나타내는 문장의 끝에 씀.

- 작은따옴표 $\boxed{'\ }\boxed{'\ }$: 인물의 생각이나 속마음을 나타낼 때 씀.

- 큰따옴표 $\boxed{"\ }\boxed{"\ }$: 인물이 소리 내어 한 말을 나타낼 때 씀.

확인 문제를 풀어 보며 개념을 익혀요.

1 빈칸에 들어갈 알맞은 문장 부호를 **보기**에서 찾아 쓰세요.

┤ **보기** ├

!(느낌표)　　?(물음표)　　.(마침표)　　,(쉼표)

(1)
하니는 꽃집에 계신 아주머니께 여쭤보았습니다 ☐

"이 꽃 이름이 뭐예요 ☐ "

(2)
욱이는 비가 갠 하늘을 보고 탄성을 질렀습니다.

"와, 예쁜 무지개가 떴구나 ☐ "

(3)
호연이는 알림장을 읽고 준비물을 확인했습니다.

'색종이, 가위 ☐ 풀, 투명 테이프를 챙겨야겠구나.'

2 다음 글을 읽고, 빈칸에 알맞은 큰따옴표와 작은따옴표를 쓰세요.

☐ 오늘은 선율이가 발표해 보자. ☐
선생님의 말을 듣자, 선율이는 가슴이 콩닥콩닥 뛰었어요.
☐ 친구들 앞에서 말하려니 너무 떨려. ☐

(1) 선생님이 한 말: ☐ 오늘은 선율이가 발표해 보자. ☐

(2) 선율이가 마음속으로 한 말: ☐ 친구들 앞에서 말하려니 너무 떨려. ☐

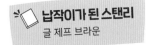

납작이가 된 스탠리

스탠리는 커다란 게시판 밑에서 아무렇지 않은 듯 명랑한 목소리로 물었습니다.

"무슨 일이에요?"

램춉 씨 부부는 후닥닥 침대로 달려가 게시판을 치웠습니다. 램춉 부인이 깜짝 놀라 소리쳤습니다.

"아니, 세상에!"

아서도 기가 막혔습니다.

㉠"어라, 스탠리 형이 납작해졌네!"

램춉 씨도 덧붙였습니다.

"이럴 수가! 꼭 빈대떡처럼 됐구나. 살다 살다 별일을 다 보겠군."

램춉 부인이 침착하게 말했습니다.

"우선 다들 아침부터 들어요. 그러고 나서 스탠리와 나는 댄 의사 선생님께 가 볼게요. 뭐라고 하시는지 들어 봐야겠어요."

진찰이 거의 끝나 가고 있었습니다. 의사 선생님이 물었습니다.

㉡ ⃞기분은 어떠니? **통증**˙이 심하니? ⃞

스탠리가 대답했습니다.

"아침에 일어났을 땐 조금 근질근질한 것 같았는데, 지금은 아무렇지도 않아요."

의사 선생님이 말했습니다.

"이런 경우 대부분 그런 증상이 나타나지."

의사 선생님은 진찰을 끝내고 계속 이야기했습니다.

"댁의 아이를 계속 주의 깊게 지켜봐야겠습니다. 우리 의사들은 수년 동안 많은 훈련과 경험을 쌓지만, 가끔씩 우리도 모르는 게 얼마나 많은지 그저 놀랍습니다."

램춉 부인이 이제 스탠리의 옷을 모두 수선해야 할 것 같다고 하자, 의사 선생님은 간호사에게 스탠리의 치수를 재도록 했습니다. 램춉 부인은 치수를 받아 적었습니다.

• **통증**(痛 아플 통, 症 증세 증) 몸이 아픈 상태나 모양.

스탠리의 키는 120센티미터였고, 가로 폭이 30센티미터, 그리고 두께는 1.2센티미터였습니다.

납작해진 몸에 익숙해지자 스탠리는 나름대로 즐겁게 적응해 나갔습니다. 스탠리는 방문이 닫혀 있어도 마음대로 방을 들락날락할 수 있었습니다. 램촙 씨 부부는 다 바보 같은 짓이라고 말하면서도, ⓒ<u>속으로는 무척 **기특하게**˙ 생각했습니다.</u> 아서는 부러운 마음에 자기도 문틈으로 빠져나가려다 **애꿎은**˙ 머리만 쾅 부딪혔습니다. 스탠리는 납작한 몸도 꽤 쓸모가 있다는 것을 알게 되었습니다.

● **기특**(奇 기이할 기, 特 특별할 특)**하다** 말이나 행동이 칭찬해 줄 만큼 대견하고 귀염성이 있다.

● **애꿎다** 아무런 잘못이 없이 억울하다.

구조읽기 빈칸에 알맞은 낱말을 써넣으며 내용을 정리해 보세요.

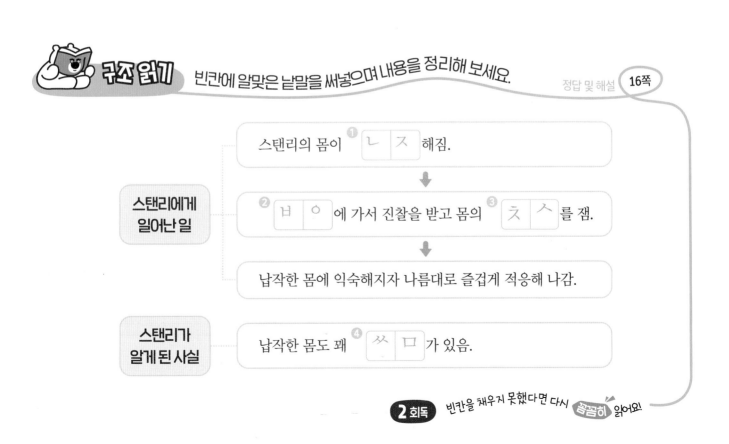

정답 및 해설 16쪽

스탠리에게 일어난 일

① 스탠리의 몸이 ㄴ ㅈ 해짐.

↓

② ㅂ ㅇ 에 가서 진찰을 받고 몸의 ③ ㅊ ㅅ 를 잼.

↓

납작한 몸에 익숙해지자 나름대로 즐겁게 적응해 나감.

스탠리가 알게 된 사실

④ 납작한 몸도 꽤 ㅆ ㅁ 가 있음.

2회독 빈칸을 채우지 못했다면 다시 꼼꼼히 읽어요!

1 스탠리에게 어떤 일이 일어났나요? (   )

① 몸이 길쭉해졌어요.

② 몸이 납작해졌어요.

③ 빈대떡을 먹었어요.

④ 의사 선생님이 되었어요.

⑤ 게시판을 보지 못했어요.

2 스탠리가 몸의 변화가 생긴 뒤 한 일이 <u>아닌</u> 것에 ×표 하세요.

(1) 의사 선생님에게 진찰을 받았어요. (   )

(2) 옷을 수선하기 위해 몸의 치수를 쟀어요. (   )

(3) 문틈으로 빠져나가려다 머리를 꽝 부딪혔어요. (   )

3 ㉠에 대해 바르게 말하지 <u>못한</u> 친구의 이름을 쓰세요.

> 선우: 아서는 스탠리의 납작해진 모습을 보고 놀라고 있어.
> 도윤: 아서는 스탠리가 어쩌다 납작해졌는지 궁금해하고 있어.

(   )

4 ㉡의 빈칸에 들어갈 알맞은 문장 부호를 쓰세요.

> ☐ 기분이 어떠니? 통증이 심하니? ☐

5 스탠리가 납작한 몸도 꽤 쓸모 있다고 생각한 까닭은 무엇인가요?

( )

① 몸이 가벼워져서
② 동생이 부러워해서
③ 머리를 꽝 부딪혀서
④ 닫힌 문틈으로 다닐 수 있어서
⑤ 몸의 치수를 재고 옷을 새로 맞춰서

6 ©에 나타난 램촙 씨 부부의 속마음을 바르게 짐작한 것에 ○표 하세요.

(1) '아서도 스탠리처럼 몸이 납작해지면 좋을 텐데.' ( )

(2) '스탠리가 납작해진 몸으로도 잘 지내는 걸 보니 대견한걸.'

( )

(3) '스탠리가 몸이 납작해진 뒤로 우울해하는 것 같아 걱정스러워.'

( )

인물이 놓인 상황에 따라 어떤 생각을 할지 작은따옴표 안에 써요.

7 다음 글을 읽고, 작은따옴표를 사용하여 민수의 생각이나 속마음을 써 보세요.

> **길쭉이가 된 고민수**
>
> 어느 날 아침, 잠에서 깬 민수는 깜짝 놀랐다. 몸이 길쭉해져서 두 다리가 침대 밖으로 나와 있었기 때문이다. 일어서자 머리가 천장에 닿을 듯했다. 민수는 이런 생각이 들었다.

08 상황에 어울리는 낱말

상황에 어울리는 낱말을 알면 그림이나 글 속에 나타난 상황이 무엇을 뜻하는지 정확하게 이해할 수 있어요.

✦ **상황에 어울리는 낱말** 그림이나 글 속에 보여지는 상황을 잘 나타낼 수 있는 낱말

✦ **상황에 어울리는 낱말 알기**

• 그림이나 글 속에서 보여지는 상황이 어떠한지 이해하기

• 그림이나 글 속의 상황에 대한 자신의 생각이나 느낌 떠올리기

• 주어진 상황에 어울리는 낱말을 떠올리고 표현하기

확인 문제를 풀어 보며 개념을 익혀요.

1~4 그림 속 상황에 알맞은 문장에 ○표 하세요.

1

(1) 고양이가 물을 먹어요. (   )
(2) 고양이가 기지개를 켜요. (   )

2

(1) 강아지가 냄새를 맡아요. (   )
(2) 강아지가 꼬리를 흔들어요. (   )

3

(1) 선재가 이를 닦아요. (   )
(2) 선재가 세수를 해요. (   )

4

(1) 미주가 시소를 타요. (   )
(2) 미주가 그네를 타요. (   )

전기가 나오는 축구공

1회독

● 설명하는 대상
에 ○
● 소켓 볼의 원
리에 〰
● 소켓 볼의 장점
에 [   ]

　신나게 놀면서 에너지도 만든다면 얼마나 좋을까요? 환한 낮에 아이들이 축구공을 차며 신나게 놀아요. 캄캄한 밤이 되면 축구공에 쌓인 에너지로 불을 밝혀요. 온 가족이 모여서 저녁 식사를 하고 책도 읽을 수 있지요.

　이렇게 멋진 발명품은 미국의 대학생들이 모인 단체에서 만들었어요. 이름은 '소켓 볼'이라고 해요. **전기**[●]가 부족한 나라에서는 캄캄한 밤에도 불을 켜지 못한 채 불편하게 지내요. 그래서 이 단체가 전기를 만드는 장치를 넣은 축구공을 발명했어요.

　아이들이 공을 발로 차면 충격이 생기고, 그 충격이 축구공 안에 든 발전 장치를 통해서 전기로 바뀌어요. 축구공 곁에 있는 작은 뚜껑을 열면 전기 콘센트가 있는데, 거기에 전구를 연결하면 불이 켜져요.

　소켓 볼은 세 가지 장점이 있어요. 첫째, 소켓 볼은 환경을 더럽히는 오염 물질이 나오지 않아요. 석탄이나 석유를 태워서 에너지를 만들면 많은 양의 이산화 탄소가 나와요. 이산화 탄소는 지구의 온도를 올려서 생물들이 살기 어렵게 만들지요. 소켓 볼은 이러한 이산화 탄소를 내뿜지 않고 에너지를 만들어 내요.

　둘째, 소켓 볼은 여러 번 재사용할 수 있어요. 촛불이나 기름을 태우는 등잔은 다 사용하면 새로 사야 해요. 하지만 소켓 볼은 전기를 다 쓰면 친구들에게 이렇게 말하면 돼요. "우리 축구하자!" 신나게 공을 차면 축구공 속에 다시 전기가 만들어지지요.

● **전기**(電 번개 전, 氣 기운 기) 물질 안에 있는 전자의 이동으로 생기는 에너지.

셋째, 소켓 볼은 쉽고 간단한 방법으로 에너지를 모을 수 있어요. 30분 동안 축구를 하면, 3시간 정도 환하게 불을 밝힐 전기 에너지를 만들 수 있지요. 매일 1시간 동안 땀 흘리며 축구를 하면, 매일 밤 한 가정의 불을 밝힐 수 있어요.

간단한 방법으로 환경을 보호하면서 에너지도 만들 수 있는 소켓 볼은 참 신통하지요? 여러분도 상상의 나래를 펴고, **친환경**˚ 기술로 움직이는 장난감을 떠올려 보세요. 우리가 꿈꾸는 상상이 현실이 될 수 있어요.

- **친환경**(親 친할 친, 環 고리 환, 境 지경 경) 자연환경을 오염하지 않고 자연 그대로의 환경과 잘 어울리는 일.

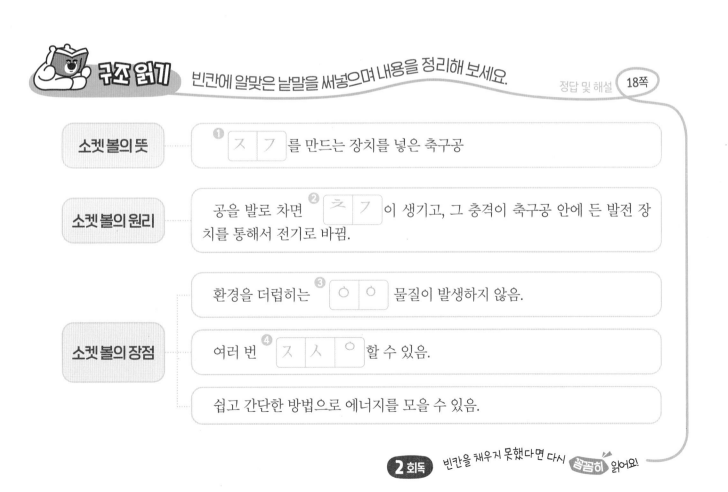

구조읽기 빈칸에 알맞은 낱말을 써넣으며 내용을 정리해 보세요.

정답 및 해설 18쪽

소켓 볼의 뜻	❶ ㅈ ㄱ 를 만드는 장치를 넣은 축구공
소켓 볼의 원리	공을 발로 차면 ❷ ㅊ ㄱ 이 생기고, 그 충격이 축구공 안에 든 발전 장치를 통해서 전기로 바뀜.
소켓 볼의 장점	환경을 더럽히는 ❸ ㅇ ㅇ 물질이 발생하지 않음.
	여러 번 ❹ ㅈ ㅅ ㅇ 할 수 있음.
	쉽고 간단한 방법으로 에너지를 모을 수 있음.

2 회독 빈칸을 채우지 못했다면 다시 꼼꼼히 읽어요!

1 이 글에 대해 알맞게 소개한 친구를 골라 ○표 하세요.

(1) 소이: 전기의 발달 과정에 대한 글이야.   (   )

(2) 나영: 전기를 만드는 축구공 소켓 볼에 대한 글이야.   (   )

(3) 지훈: 동네에서 축구를 하는 아이들에 대한 이야기야.   (   )

2 이 글의 내용과 <u>다른</u> 것은 무엇인가요?   (   )

① 소켓 볼에는 전기 콘센트가 있다.

② 소켓 볼은 이산화 탄소를 내뿜지 않는다.

③ 소켓 볼은 여러 번 반복해서 사용할 수 있다.

④ 소켓 볼은 우리나라 대학생들이 모인 단체에서 만들었다.

⑤ 석탄이나 석유를 태워서 에너지를 만들면 오염 물질이 나온다.

3 다음 그림을 보고 상황에 알맞은 말에 ○표 하세요.

남자아이가 소켓 볼의
(1) (불빛 , 햇빛)을 비추어 책을
(2) (읽고 , 쓰고) 있습니다.

4 다음 문장의 빈칸에 들어갈 알맞은 낱말은 무엇인가요?   (   )

아이들이 축구공을 발로 _____.

① 써요   ② 해요   ③ 가요

④ 차요   ⑤ 보아요

5 소켓 볼이 친환경 기술인 까닭은 무엇인가요? (   )

① 캄캄한 밤에도 불을 켤 수 있기 때문에

② 친구들끼리 친하게 지낼 수 있기 때문에

③ 축구를 못 하면 전기를 만들 수 없기 때문에

④ 환경을 더럽히는 오염 물질이 나오지 않기 때문에

⑤ 전기를 만들기 위해 운동을 하면 몸이 건강해지기 때문에

6 다음은 소켓 볼의 광고예요. 빈칸에 들어가기에 알맞은 속담을 말한 친구에 ○표 하세요.

> ### 희소식! 지구를 살리는 발명품
>
> "우리 축구하자!"
> 친환경 기술로 개발했습니다.
> 30분 축구를 하고
> 3시간 동안 불을 밝혀요!
>
> 운동도 하고, 전기도 만들고
> [   ] 소켓 볼!

(1) 민주: "누워서 떡 먹기"라는 속담이 좋겠어. 매우 쉬운 일을 비유하는 말이야. (   )

(2) 세영: "꿩 먹고 알 먹고"라는 속담이 좋겠어. 한 가지 일로 두 가지 이득을 본다는 뜻이야. (   )

> 주변의 물건들 중 하나를 친환경 발명품으로 만들면 어떨까 상상해 보아요.

7 내가 만들고 싶은 친환경 발명품을 소개하는 글을 써 보세요.

내가 만들고 싶은 친환경 발명품은 _____

이 발명품의 특징은 _____

_____

09 인물의 모습과 행동

장난기 가득한 소년은 개와 함께 눈밭을 힘차게 달렸다.

인물의 모습은 생김새를 말하고, 행동은 몸짓이나 하고 있는 일을 말해요. 이야기 속 인물의 모습과 행동을 파악하며 읽으면 어떤 인물인지 상상하기 쉬워요. 인물을 자세히 떠올리면 이야기를 더 재미있게 읽을 수 있어요.

✦인물의 모습과 행동을 파악하는 방법

• 인물의 생김새를 나타내는 표현 찾기

• 인물이 어떤 몸짓을 하는지, 무슨 일을 하는지 표현한 부분 찾기

확인 문제를 풀어 보며 개념을 익혀요.

 다음 그림을 보고, 인물의 모습을 알맞게 나타낸 말에 ○표 하세요.

(1) 은영이는 머리에 (헬멧 , 야구 모자)을/를 썼어요.
(2) 은영이는 (자전거 , 킥보드)를 타고 달렸어요.

 다음 그림을 보고, 인물의 모습과 행동을 알맞게 나타내지 <u>못한</u> 것에 ×표 하세요.

(1) 혹부리 영감은 노래를 부르고 있어요. (   )
(2) 혹부리 영감은 목에 커다란 혹이 달렸어요. (   )
(3) 도깨비들은 노래를 들으며 박수를 치고 있어요. (   )

정답 1 (1) 야구 모자 (2) 킥보드 2 (3) ×

09. 인물의 모습과 행동 **61**

무적 말숙

1회독

● 인물의 모습이
나타난 부분에 〰

● 인물의 행동이
나타난 부분에 [　]

"말똥이?"

엄마 눈이 똥그래졌어.

"개똥이, 소똥이처럼 이름에 '똥' 자를 붙이믄 튼튼허게 오래 산디야. 막둥이니께 '말' 자를 넣어 말똥이! 눈이 말똥말똥허니께 말똥이! 말똥이가 딱이구먼, 워뗘?"

아빠 눈이 반짝였어.

"암만 그려도 똥은 거시기하제. 내가 고생혀서 낳은 귀헌 막내딸이니께, 내 이름 '박숙자'의 '숙'을 따서 '말숙'으로 합시다!"

엄마가 힘주어 말했어.

"그려, 그것도 좋구먼."

아빠는 아쉽지만 고개를 끄덕였어.

아빠가 말숙이 이름을 말똥으로 지으려고 한 데는 다 까닭이 있었어. 말숙이는 아주아주 작고 약한 아이로 태어났거든. 다리가 나무 꼬챙이 같아서 또래보다 걸음마도 늦었어. 한여름에는 땀을 뻘뻘, 한겨울에는 콧물을 줄줄 흘렸고, 엄마 아빠는 말숙이가 튼튼하게 자라기를 바라며 삼시 세끼 따뜻한 밥을 짓고, 천 가지 **약초**˚를 넣어 약을 달여 먹였어.

밥 덕분인지 약 덕분인지, 말숙이는 하루가 다르게 살이 토실토실 오르고 힘도 무지무지 세졌어.

세 살이 되자 마을이 쩌렁쩌렁 울릴 만큼 우렁차게 울었고, 다섯 살이 되자 밥상을 번쩍 들었고, 여덟 살이 되자 남자아이들과 팔씨름을 해도 지지 않았어.

"아이고, 말숙이헌티 잘못 덤볐다간 아주 일 나겄구먼."

옆집 아이고 아줌마가 혀를 내둘렀어.

"기여, **천하무적**˚이 따로 읎구먼."

뒷집 기여 할머니도 맞장구를 쳤고.

말숙이한테는 '일남, 이남, 삼남, 사남'이라는 오빠들이 있었어. 일남이는 이남이보다, 이남이는 삼남이보다, 삼남이는 사남이보다 힘이 셌어.

● **약초**(藥 약 약, 草 풀 초) 약으로 쓰는 풀.

● **천하무적**(天 하늘 천, 下 아래 하, 無 없을 무, 敵 원수 적) 세상에 겨룰 만한 적수가 없음.

어쨌거나 하나같이 주먹이 매웠지. 말숙이는 그런 오빠들한테 질세라 밥도 한 공기씩 더 먹고 목소리도 더 크게 냈어.

그래도 오빠들 힘을 따라갈 수는 없었어. 그나마 오빠들 가운데 가장 끄트머리인 사남이 오빠가 좀 만만했어. 말숙이는 **걸핏하면** 사남이 오빠가 아껴 둔 과자를 날름 먹어 치우고, 사남이 오빠 공책에 낙서도 했어. 오빠한테 들키기라도 하면 눈물 한 방울 안 흘리고 입으로만 엉엉 울어 댔지.

그럴 때면 엄마 아빠는 말숙이가 아닌 사남이 오빠를 **나무랐어**.

- **걸핏하면** 조금이라도 일이 있기만 하면.
- **나무라다** 상대의 잘못을 꼬집어 말하다.

 **구조 읽기** 빈칸에 알맞은 낱말을 써넣으며 내용을 정리해 보세요.

정답 및 해설 (20쪽)

이름
① ㅁ ㄸ 이가 될 뻔했지만, 엄마 덕분에 말숙이가 되었음.

형제 관계
'일남, 이남, 삼남, 사남'이라는 ② ㅇ ㅃ 들이 있음.

말숙

성장 과정
태어났을 때는 작고 몸이 약했으나, 커 가면서 ③ ㅎ 이 무지 세짐.

특징
오빠들 중 가장 만만한 ④ ㅅ ㄴ 이 오빠를 만만히 여기고 골탕 먹임.

2 회독 빈칸을 채우지 못했다면 다시 꼼꼼히 읽어요!

1 말숙이에 대한 설명으로 알맞지 <u>않은</u> 것은 무엇인가요? (   )

① 오빠가 네 명 있다.

② 자라면서 힘이 무척 세졌다.

③ 이름이 '말똥이'가 될 뻔했다.

④ 엄마 박숙자 씨의 막내딸이다.

⑤ 오빠들과 힘으로 싸워도 지지 않았다.

2 말숙이의 변화를 알맞게 선으로 이으세요.

(1) 태어났을 때 •

• ① 아주 작고 약했다.

(2) 세 살 때 •

• ② 밥상을 번쩍 들었다.

(3) 다섯 살 때 •

• ③ 마을이 울릴 만큼 우렁차게 울었다.

(4) 여덟 살 때 •

• ④ 남자아이들과 팔씨름을 해도 지지 않았다.

3 말숙이가 건강하게 자라기를 바라며 부모님이 말숙이에게 한 행동은 무엇인가요? (   )

① 오빠들보다 밥을 한 공기씩 더 주었어.

② 밥상을 번쩍 들게 해 팔 힘을 키우도록 하였어.

③ 삼시 세끼 따뜻한 밥을 짓고, 약초를 넣은 약을 달여 먹였어.

④ 말숙이가 오빠들과 다투었을 때 말숙이의 편을 들어 주었어.

⑤ 남자아이들과 팔씨름을 해도 지지 않도록 팔씨름 훈련을 시켰어.

4 이 이야기를 읽고 떠올릴 수 있는 말숙이의 어릴 때 모습으로 알맞은 것에 ○표 하세요.

(1) 태어난 지 얼마 안 되었을 때 눈이 말똥말똥했다.   (   )

(2) 다리가 나무 꼬챙이처럼 가늘었어도 또래보다 걸음마는 빨랐다.

(   )

(3) 추위를 많이 타서 한여름에도 오들오들 떨며 콧물을 줄줄 흘렸다.

(   )

5 아빠가 말숙이 이름을 '말똥이'라고 지으려고 했던 까닭은 무엇인가요?

(   )

① 말을 잘하라는 뜻에서
② 오빠들보다 키가 커지라는 뜻에서
③ 개똥이나 소똥이보다 예쁜 이름이라서
④ 말숙이가 튼튼하게 오래 살기를 바라서
⑤ 말숙이의 장난기 많은 성격을 고치기 위해서

6 말숙이가 오빠들에게 한 행동에 대해 알맞게 말한 친구의 이름을 쓰세요.

막내인 말숙이가 오빠들보다 밥을 한 공기 더 먹은 까닭은 오빠들이 밥을 많이 먹는 것이 얄미워서야.

민희

네 오빠들 중 사남이 오빠의 과자를 먹어 치우고, 공책에 낙서를 한 까닭은 사남이 오빠가 가장 만만했기 때문이야.

용후

(   )

> 모습은 얼굴과 머리 모양, 옷차림 등의 생김새를 말하고, 행동은 인물이 하는 일을 말해요.

7 세상에서 가장 힘이 센 주인공을 상상하여 이름을 짓고, 모습과 행동을 써 보세요.

• 이름: _____

• 모습: _____

• 행동: _____

_____

10 재미있게 읽은 책 소개하기

재미있는 책을 읽고 나면 부모님이나 친구들에게 그 책에 대해 이야기하고 싶지요? 읽은 책을 소개하는 방법을 알면, 내가 읽은 책을 부모님이나 친구들에게 더 잘 소개할 수 있을 거예요.

✦재미있게 읽은 책 소개하기

- 책을 읽었던 경험 떠올리기
- 읽었던 책 중 소개하고 싶은 책 고르기
- 그 책을 소개하고 싶은 까닭 생각해 보기
- 책의 제목, 주인공의 특징, 재미있거나 기억에 남는 부분 등 소개할 내용 정하기

확인 문제를 풀어 보며 개념을 익혀요.

다음 내용을 읽고, 빈칸에 들어갈 알맞은 말을 골라 ○표 하세요.

1 재미있게 읽은 책을 소개할 때는 책을 읽었던 (경험, 사람)을 떠올린다.

2 재미있게 읽은 책을 소개할 때는 책 제목, 소개하고 싶은 까닭, 주인공의 특징, (기억에 남는 부분, 읽지 않은 부분) 등을 소개한다.

3~4 **재미있게 읽은 책을 소개한 글을 읽고, 글 내용에 <u>없는</u> 것에 ✕표 하세요.**

3
> 내가 소개할 책은 『알라딘과 요술 램프』이다. 만화 영화를 본 후 재미있어서 책도 읽게 되었다. 책의 내용이 놀랍고 흥미로워서 친구들에게 소개하고 싶다. 이야기의 주인공은 잘생겼지만 게으른 '알라딘'이다.

제목	주인공	소개하고 싶은 까닭	재미있었던 부분
( )	( )	( )	( )

4
> 『마법의 설탕 두 조각』을 읽었다. 주인공 렝켄은 신비한 각설탕 두 개를 엄마 아빠가 먹게 만들었고, 그 후 엄마 아빠의 몸이 점점 작아진다. 주인공 렝켄이 작아진 엄마 아빠를 위해 휴지로 옷을 만들어서 입히는 부분에서 웃음이 터졌다.

제목	주인공	소개하고 싶은 까닭	재미있었던 부분
( )	( )	( )	( )

『아홉 살 마음 사전』을 읽고

1회독

🔖 소개하는 책 제목에 ◯

🔖 소개하는 까닭에 〰️

🔖 느낀 점에 [ ]

친구 준이가 『아홉 살 마음 **사전**˚』을 읽고 재미있다며 내게 추천해 주었다. 책을 읽고 나니 앞으로 내 마음을 적절한 말로 잘 나타낼 수 있을 것 같았다. 친구들도 이 책을 읽고, 자신의 마음을 잘 표현하기를 바라서 이 책을 소개한다.

이 책은 마음을 표현하는 낱말 80개가 담겨 있는 '마음 사전'이다. 낱말과 함께 낱말에 딱 어울리는 그림과 상황을 나타낸 글이 나와 있어서 사전이지만 그림책을 보는 것처럼 재미있다.

마음 사전은 ㄱ, ㄴ, ㄷ 순서대로 쓰여 있는데, 나는 그 순서대로 읽지 않고 궁금했던 감정을 찾아서 읽었다. 가장 먼저 찾은 감정은 '조마조마해'였다. '조마조마해'에는 풍선을 크게 부는 오빠에게 풍선이 터질 것 같으니 그만 불라고 하는 아이의 모습이 그려져 있었다. 낱말의 뜻만 읽었을 때는 어떤 마음인지 이해하기 어려웠는데, 그림과 상황을 같이 보니 어떤 일이 벌어질 것 같아 불안한 마음이 잘 이해되었다.

그다음으로 찾은 낱말은 '신나다'였다. '신나다'의 뜻은 '재미있고 즐거운 기분이 들다'로, 이 낱말에는 눈썰매를 타고 씽씽 달리는 아이가 그려져 있었다. 그 그림을 보니 준이와 함께 눈썰매를 신나게 탔던 기억이 떠올랐다. 눈썰매 타는 그림과 함께 낱말 뜻을 보니 '신나다'의 뜻이 훨씬 잘 전해졌다.

이 책을 읽고 나도 『홍서영의 여덟 살 마음 사전』을 만들어 보고 싶다는 생각이 들었다. 그래서 일기장에 마음을 나타내는 낱말을 몇 개 써 보았다. 처음으로 쓴 낱말은 '고맙다'였다. 나는 그 낱말에 내가 만든 카네이션을 가슴에 단 아빠 엄마를 그릴 것이다. 나는 아빠 엄마가 나의 아빠 엄마여서 정말 고맙기 때문이다.

두 번째 낱말은 '괴롭다'이다. 그 낱말에는 수학 문제집이 펼쳐져 있는 모습을 그릴 것이다. 그리고 '수학 시간에 느껴지는 마음'이라고 쓸 것이다. 수학을 잘 못하는 나는 수학 시간만 되면 괴로워서 개미구멍에라도 숨고 싶기 때문이다. 그런데 수학을 잘하는 친구들은 '괴롭다'라는 낱말

● **사전**(辭 말씀 사, 典 법 전) 어떤 범위의 낱말을 일정한 순서로 싣고 뜻, 쓰임 등을 풀이한 책.

에 왜 이런 그림과 뜻이 들어가 있는지 이
해하기 어려울지도 모르겠다. 그러니까 이
건 나만의 마음 사전이다.

책을 더 많이 읽고, 나만의 마음 사전에
넣을 낱말을 더 많이 모아야겠다. 벌이 꽃
사이를 날아다니며 꿀을 모으는 것처럼 나
는 낱말을 모아 낱말 부자가 될 것이다. 그
러면 내 마음과 생각을 더 잘 표현할 수 있
을 것이다.

"아빠, 엄마
고맙습니다!"
아빠랑 엄마가
우리 아빠 엄마라는
것이 너무 좋을 때
드는 마음.

구조 읽기 빈칸에 알맞은 낱말을 써넣으며 내용을 정리해 보세요.

정답 및 해설 22쪽

책 제목과 소개하는 까닭	• 『아홉 살 마음 사전』이라는 책을 친구의 소개로 읽게 됨. • 친구들도 이 ❶ ㅊ 을 읽고 자신의 마음을 더 잘 표현하기를 바람.

↓

소개 내용	• '조마조마해', '신나다'라는 마음을 나타내는 ❷ ㄴ ㅁ 의 뜻과 이에 대한 그림을 보고 느낀 점.

↓

느낀점	• 나만의 ❸ ㅁ ㅇ ㅅ ㅈ 을 만들어서 '고맙다'와 '괴롭다' 등의 낱말을 나만의 방법으로 표현하려 함. • 책을 더 많이 읽고 나만의 마음 사전에 넣을 낱말들을 더 많이 모을 것을 다짐함.

2 회독 빈칸을 채우지 못했다면 다시 꼼꼼히 읽어요!

1 빈칸에 들어갈 알맞은 말을 이 글에서 찾아 쓰세요.

> 책 『아홉 살 마음 사전』을 읽고 [   ] 하는 글

2 글쓴이는 자신만의 마음 사전에 쓸 낱말을 모으기 위해 어떻게 하겠다고 했나요? (   )

① 사전을 쓰겠다고 했다.
② 사전을 많이 찾겠다고 했다.
③ 책을 더 많이 읽겠다고 했다.
④ 사전을 열심히 읽겠다고 했다.
⑤ 스스로 그림을 그리겠다고 했다.

3 글쓴이가 친구들에게 『아홉 살 마음 사전』을 소개한 까닭은 무엇인가요?
(   )

① 유명한 책이어서
② 친구들의 마음에 대해서 알고 싶어서
③ 친구들도 자신의 마음 사전을 가졌으면 해서
④ 『홍서영의 여덟 살 마음 사전』을 쓰기 위해서
⑤ 친구들이 자신의 마음을 잘 표현하면 좋을 것 같아서

4 이 글에 나타난 것에 ○표, 나타나지 않은 것에 ✕표 하세요.

(1) 책의 제목 (   )
(2) 책의 내용 (   )
(3) 책의 지은이 (   )
(4) 책을 소개하는 까닭 (   )
(5) 책을 읽고 기억에 남는 부분 (   )

5 『홍서영의 여덟 살 마음 사전』을 '나만의 마음 사전'이라고 한 까닭은 무엇인가요? (   )

① 처음 보는 뜻이기 때문에
② 모두가 아는 표현이기 때문에
③ 낱말을 내가 만들었기 때문에
④ 낱말에 대한 나의 마음을 표현했기 때문에
⑤ 사람마다 낱말에 대한 느낌이 비슷하기 때문에

6 이 글을 읽고 느낀 점을 알맞게 말하지 <u>못한</u> 친구의 이름을 쓰세요.

마음을 나타내는 말이 80개나 나온다니, 나도 궁금해서『아홉 살 마음 사전』을 읽고 싶어졌어.

승지

한글을 정확히 익히면 내 마음을 잘 표현할 수 있을 것 같아.

리오

나도『아홉 살 마음 사전』을 읽고, 나만의 마음 사전을 만들어 보고 싶어.

길봉

(   )

> 왜 그 책을 소개하고 싶은지 그 책에서 재미있거나 기억하고 싶은 내용은 무엇인지 써 보아요.

7 내가 재미있게 읽은 책을 친구들에게 소개하는 글을 써 보세요.

• 책 제목:

• 소개하는 까닭:

• 재미있는 부분:

3⁺ 주차 에서 우리는

11 이야기의 재미있는 부분

이야기를 읽을 때 재미있는 등장인물, 등장인물들이 하는 재미있는 말, 등장인물들이 벌이는 재미있는 일 등을 찾으며 읽으면 이야기를 더 흥미롭게 읽을 수 있고, 더 오래오래 기억할 수 있답니다.

✦이야기의 재미있는 부분 찾기

- 이야기 속의 재미있는 장면을 떠올려 보기
- 떠올린 장면의 어떠한 점이 재미있었는지 생각해 보기
- 이야기 속의 재미있는 말이나 표현 찾아보기

확인 문제를 풀어 보며 개념을 익혀요.

1~2 다음 이야기를 읽고, 재미있는 말이나 표현에 밑줄을 치세요. 그리고 이 장면은 어떤 장면인지 골라 ○표 하세요.

1

"깨어났구나. 이제 아빠에게 돌아가야지!"
파란 요정이 말했어요.
"전 아빠가 없는데요."
피노키오가 거짓말을 하자 코가 나뭇가지처럼 쭈욱 길어졌어요.
"어, 아니에요. 아빠가 있어요. 그리고 저는 착한 아들이에요!"
피노키오의 코는 쭈우욱 쭈우욱 더욱 더 길어졌어요.

－『피노키오』

(1) 피노키오와 아빠가 고래 뱃 속에서 만나는 장면

(　　　　)

(2) 피노키오가 거짓말을 하자 코가 길어지는 장면

(　　　　)

2

"아버님, 기둥을 붙잡으세요! 어머님, 문짝을 붙잡으세요!
서방님은 부엌문, 시누님은 솥단지를 꽉 붙드세요!"
얌전했던 며느리는 이렇게 외치고 방귀를 뀌었어요.
뿌웅! 뿌웅!
며느리가 뀐 방귀의 힘은 어마어마했어요. 그래서 온갖 물건이 날아가고 지붕도 저만치 날아가 버리고 말았어요.

－「방귀쟁이 며느리」

(1) 방귀쟁이 며느리가 야무지 게 살림하는 장면

(　　　　)

(2) 방귀쟁이 며느리가 방귀를 뀌는 장면

(　　　　)

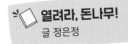

열려라, 돈나무!
글 정은정

열려라, 돈나무!

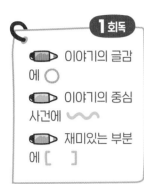

1회독

⬤ 이야기의 글감
에 ◯

⬤ 이야기의 중심
사건에 〰

⬤ 재미있는 부분
에 [   ]

율원이네 집 우편함에 작은 봉투가 꽂혀 있었다.

㉠"어? 웬 편지?"

율원이는 작은 봉투를 꺼냈다.

"돈나무 씨앗?"

봉투 뒷면에 깨알같이 글씨가 적혀 있었다. 율원이는 봉투에 적힌 글씨를 읽고 또 읽고는 봉투 안을 탈탈 털었다. 그러자 정말로 커다랗고 동그란 씨앗 하나가 툭 떨어졌다.

"엇! 진짜 있네?"

율원이는 재빨리 빈 화분을 찾아들고 방에 들어와 방문을 잠갔다. 그러고는 주머니에서 씨앗을 꺼내서 흙 속에 묻었다.

〈돈나무 씨앗 사용법〉
1. 씨앗을 아무도 모르는 장소에 심는다.
2. 물을 주거나 햇빛을 쏘일 필요 없다.
3. 눈을 꼭 감고 손을 모은 후 **주문**˚을 말한다.
   "열려라, 돈나무!"
4. 열린 돈을 오후 다섯 시까지 모두 다 쓰면 다음 날 두 배로 열린다.

〈주의 사항〉
• 열린 돈을 다 쓰지 않거나 누군가에게 돈나무에 대해 말하는 순간, 돈나무는 영원히 사라진다. 쓰지 못한 돈도 사라진다.
• 돈 열매는 하루에 딱 한 번만 열린다.

"이게 정말 될까?"

율원이는 숨을 크게 들이쉰 후 눈을 꼭 감고 손을 모았다.

"열려라, 돈나무!"

누가 듣는 것도 아닌데 얼굴이 화끈거렸다.

'으, 너무 유치해. 나 뭐 하는 거야, 정말!'

눈을 번쩍 뜨고 화분을 치우려고 팔을 뻗었다. 그때였다. 흙 속에서 뭔가 꿈틀댔다. 〈중략〉

"이야! 돈이다!"

주렁주렁 달린 건 오백 원짜리 동전이었다.

"우히히! 에헤헤!"

자꾸만 웃음이 났다. 오백 원짜리 돈 열매를 똑똑 따서 나란히 놓으니 딱 열 개였다.

"오천 원이다! 이걸로 뭘 사지?"

• **주문**(呪 빌 주, 文 글월 문)
점술가 등이 귀신을 쫓거나 마법을 걸 때 외는 말.

가슴이 벅찼다.

"아차차, 다섯 시까지 다 쓰라고 했지?"

ⓒ시계를 보니 벌써 네 시 십 분이었다. 맘이 급해진 율원이는 옷장 문을 열고 옷들 뒤로 돈나무를 숨겼다. 그러고는 부리나케 뛰어나갔다. 주머니에서 찰랑찰랑 동전 소리가 났다.

네 시 삼십 분, 야금야금 시간이 가고 있었다. 율원이는 가장 가까운 아파트 입구 편의점으로 갔다. 평소와 달리 눈에 띄는 것들을 망설임 없이 집어서 계산대에 올려놓았다.

"사천오백 원입니다."

편의점 아저씨의 말에 ⓒ보란 듯이 오백 원 동전 열 개를 척 내고, 오백 원짜리 풍선껌 하나를 **추가**˚했다. 아저씨가 비닐봉지에 담아 주며 "감사합니다!" 했다.

편의점을 나선 율원이는 아이스크림을 할짝거리며 껌, 젤리, 과자, 소시지가 든 봉지를 흔들었다. 시계를 보니 딱 다섯 시였다. 마음이 편해지면서 아이스크림처럼 몸도 사르르 녹았다.

● **추가**(追 쫓을 추, 加 더할 가)
나중에 더 보탬.

구조 읽기 빈칸에 알맞은 낱말을 써넣으며 내용을 정리해 보세요.

정답 및 해설 24쪽

율원이는 집 우편함에서 돈나무 씨앗이 든 ❶ㅂㅌ 를 발견함.	→	율원이는 ❷ㄷㄴㅁ 씨앗을 꺼내 흙 속에 묻음.	→	돈나무에 오백 원짜리 ❸ㄷㅈ 이 주렁주렁 달림.	→	율원이는 ❹ㅍㅇㅈ 에서 오후 다섯 시 전에 동전을 다 씀.

2 회독 빈칸을 채우지 못했다면 다시 **꼼꼼히** 읽어요!

1 이 이야기의 글감에 ○표 하세요.

봉투	돈나무	편의점
( )	( )	( )

2 '돈나무 씨앗'에 대한 설명으로 알맞지 <u>않은</u> 것은 무엇인가요?

(   )

① 아무도 모르는 장소에 심어야 한다.

② 물을 주거나 햇빛을 쏘일 필요 없다.

③ "열려라, 꿈나무!"라고 주문을 말해야 한다.

④ 열린 돈을 오후 다섯 시까지 다 쓰면 다음 날 두 배로 열린다.

⑤ 누군가에게 돈나무에 대해 말하면 돈나무는 영원히 사라진다.

3 ㉠~㉢에 담긴 율원이의 마음으로 알맞은 것을 찾아 선으로 이으세요.

(1) ㉠ •   • ① 호기심이 생김.

(2) ㉡ •   • ② 자랑스럽고 당당함.

(3) ㉢ •   • ③ 조마조마하고 급함.

4 이 이야기의 재미있는 부분과 그 까닭을 알맞게 말한 친구의 이름을 쓰세요.

윤애: 나무에 돈 열매가 주렁주렁 열리는 부분이 마법 같고 신기해서 재미있었어요.

보미: 율원이가 돈나무에 열린 돈을 마구 써서 돈나무가 사라질까 봐 걱정이 되었어요.

두실: 편의점 아저씨가 율원이가 많은 돈을 갖고 있는 것을 의심하는 것 같아서 조마조마했어요.

(   )

5 율원이가 편의점에서 망설임 없이 물건을 집어서 계산대에 올려놓을 수 있었던 까닭은 무엇일까요? (   )

① 망설이는 성격이 아니기 때문에

② 먹고 싶은 것이 너무 많았기 때문에

③ 쓸 수 있는 돈을 오천 원이나 갖고 있었기 때문에

④ 머뭇거리면 편의점 아저씨가 의심할 것 같았기 때문에

⑤ 종이돈이 아니라 오백 원짜리 동전을 갖고 있었기 때문에

6 율원이와 비슷한 기분을 느꼈을 인물의 이름을 쓰세요.

> 심청: 아버지를 위해서라면 나는 뭐든지 할 수 있어.
> 콩쥐: 나도 팥쥐처럼 예쁜 옷 입고 잔치에 가고 싶어.
> 흥부: 제비가 가져다준 씨에서 열린 박을 타 보았더니 그 속에서 금은보화가 나왔어.

(   )

> 마법의 씨앗이 있다면 무엇이 열리면 좋을지 생각해 보고, 바라는 것을 써 보아요.

7 내가 바라는 열매를 골라 '마법의 씨앗' 이야기를 써 보세요.

> 책, 돈, 집, 옷, 시간, 장난감, 초콜릿

"마법의 씨앗?" 나는 아무도 몰래 마법의 씨앗을 화분에 심었어요. 다음 날, 흙 속에서 뭔가 꿈틀대며 올라왔어요.

_____

_____

12 상황에 맞는 **높임 표현**

높임 표현은 부모님이나 선생님 같은 웃어른께 쓰는 말이에요. 높임 표현을 쓰면 상대방을 공경하는 마음을 잘 전할 수 있어요.

✦ **높임 표현** 상대방을 높이기 위한 표현으로, 상대방을 공경하는 마음이 담겨 있음.

✦ **높임 표현을 사용하는 경우**

• 듣는 사람이 말하는 사람보다 웃어른일 때

　예 할아버지, 여쭤볼 것이 있어요.

• 행동하는 사람이 말하는 사람보다 웃어른일 때

　예 선생님께서 가신다. / 아버지께서 편찮으시다.

• '누구에게'에 해당하는 사람이 말하는 사람보다 웃어른일 때

　예 어머니께 드릴 선물이야.

확인 문제를 풀어 보며 개념을 익혀요.

1~3 다음 중 높임 표현이 쓰인 문장에 ○표, 쓰이지 않은 문장에 ✕표 하세요.

1
떡볶이를 만들어 주서서 감사해요.   (   )

2
우리 집에서 생일 잔치를 할 거야.   (   )

3
할아버지, 생신 축하드립니다!   (   )

4~5 대화의 빈칸에 들어갈 알맞은 표현을 보기에서 찾아 쓰세요.

┤ **보기** ├
• 네, 방학 즐겁게 보냈습니다.
• 할머니께서 편찮으셔서 병원에 가.

4
이웃집 아주머니: 은수야, 방학 잘 보냈니?

은수: _____

5
친구: 은수야, 오늘 어디 가?

은수: _____

공경하는 마음을 표현해요

1회독

- 설명 대상에
- 높임 표현에
- 중요한 부분에
  [ ]

돌이는 영양사 선생님의 심부름으로 다리를 다치신 교장 선생님께 급식을 갖다 드렸어요. 그런데 돌이가 교장 선생님께 이렇게 말했어요.

"교장 선생님, 밥 먹어!"

돌이는 인자한 교장 선생님을 좋아하고 **공경**하는 마음이 있었어요. 그런데 높임말을 잘 몰라서 실수를 한 거예요.

"교장 선생님, 식사하세요!"

이렇게 말했다면 웃어른에 대한 공경의 마음이 전해져서 더 좋았을 거예요.

높임 표현이란 무엇일까요? 높임 표현은 말하는 사람이 듣는 사람이나 다른 대상을 높이기 위해 쓰는 표현이에요. 높임 표현을 나타내는 방법은 여러 가지가 있어요. 먼저 문장을 끝맺을 때 '−습니다' 또는 '요'를 써요. 또 높여야 하는 사람에게는 '께서'나 '께'라는 말을 쓰지요. 그 밖에 '밥'은 '진지', '먹다'는 '잡수시다'라고 높임의 뜻을 나타내는 특별한 낱말을 쓰기도 해요.

높임 표현은 언제 주로 사용할까요? 웃어른께 말할 때나, 웃어른에 대해서 말할 때 주로 사용해요. 친구에게 동생에 대해 말한다면, "내 동생은 학교에 갔어." 이렇게 말하면 되지요. 그런데 선생님께 할머니에 대해서 말씀드린다면, "할머니께서는 노인 대학에 다니세요." 이렇게 표현해요. 친구에게 말할 때와 선생님께 말씀드릴 때 다른 표현을 쓰지요.

그럼 높임 표현은 왜 써야 할까요? 높임 표현은 **상대방**을 높이고 공경하는 마음을 표현하기 위해 써요. 높임 표현이 필요할 때 사용하지 않으면, 상대방은 말하는 사람이 **예의**가 없거나 공경하는 마음이 없다고 생각할 수 있어요. 우리는 어버이날에 부모님께 카네이션을 드리며 감사한

- **공경**(恭 공손할 공, 敬 공경할 경) 공손히 받들어 모심.
- **상대방**(相 서로 상, 對 대답할 대, 方 모 방) 어떤 일이나 말을 할 때 짝을 이루는 사람.
- **예의**(禮 예도 예, 義 옳을 의) 사람이 지켜야 할 예절과 의리.

마음을 표현하지요? 사랑하는 부모님께 마음을 전하기 위해 고운 마음을 담은 예쁜 말을 할 거예요. 높임 표현은 이러한 상황에서 예의를 지키기 위해 필요해요.

높임 표현은 무엇이고 왜 필요한지 알겠지요? 상황에 맞는 높임 표현을 정확히 알아두고 필요할 때 알맞게 사용해 보세요.

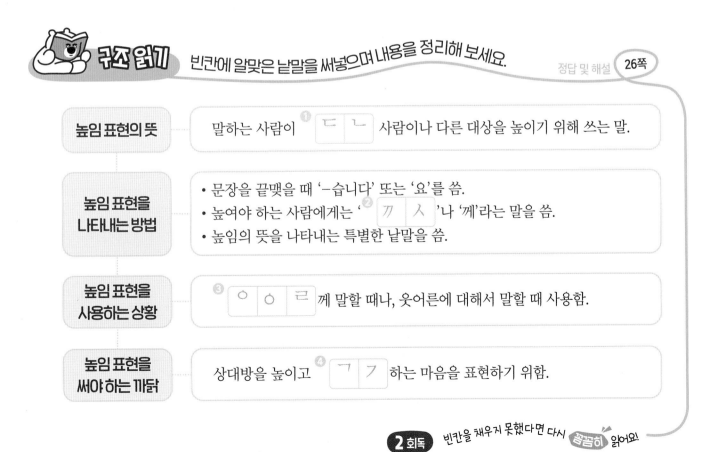

구조 읽기 빈칸에 알맞은 낱말을 써넣으며 내용을 정리해 보세요.

정답 및 해설 26쪽

| 높임 표현의 뜻 | 말하는 사람이 ① [ㄷ | ㄴ] 사람이나 다른 대상을 높이기 위해 쓰는 말. |

높임 표현을 나타내는 방법
- 문장을 끝맺을 때 '-습니다' 또는 '요'를 씀.
- 높여야 하는 사람에게는 '② [ㄲ | ㅅ]'나 '께'라는 말을 씀.
- 높임의 뜻을 나타내는 특별한 낱말을 씀.

높임 표현을 사용하는 상황
③ [ㅇ | ㅇ | ㄹ]께 말할 때나, 웃어른에 대해서 말할 때 사용함.

높임 표현을 써야 하는 까닭
상대방을 높이고 ④ [ㄱ | ㄱ] 하는 마음을 표현하기 위함.

2 회독 빈칸을 채우지 못했다면 다시 꼼꼼히 읽어요!

1 말하는 사람이 듣는 사람이나 다른 대상을 높이기 위해 쓰는 표현을 무엇이라고 하는지 빈칸에 쓰세요.

2 높임 표현을 사용해야 하는 상황을 두 가지 고르세요. (,   )

① 친구끼리 말할 때
② 웃어른께 말할 때
③ 아랫사람에게 말할 때
④ 웃어른에 대해서 말할 때
⑤ 친구에게 아랫사람에 대해 말할 때

3 다음 문장 중에서 알맞게 쓴 높임 표현에 ○표 하세요.

(1) "할아버지, 진지 잡수세요." (   )
(2) "제 동생은 학교에 가셨어요." (   )
(3) "선생님, 우리 할머니는 노인 대학에 다녀요." (   )

4 외국인 친구 존슨에게 높임 표현을 쓰는 까닭을 알맞게 알려 준 친구를 찾아 ○표 하세요.

선생님, 물어볼 게 있어.

존슨

"선생님, 물어볼 게 있어요."처럼 '요'를 붙여서 말하면 선생님을 친근하게 생각하는 마음을 전할 수 있어.

원석

(   )

"선생님, 여쭤볼 게 있어요."처럼 높임 표현을 사용하면 선생님을 공경하는 마음을 표현할 수 있어.

지혜

(   )

5 높임 표현을 모르면 어떤 일이 벌어질까요? (   )

① 공경하는 마음이 사라질 것이다.

② 친구들과 의사소통이 잘 안 될 것이다.

③ 공경하는 사람에게 예의를 지켜서 마음을 전할 수 있다.

④ 동생처럼 아랫사람에게 사랑하는 마음을 표현할 수 없다.

⑤ 공경하는 사람에게 마음을 전하지 못하여 오해를 살 수 있다.

6 부모님께 감사의 마음을 전하는 카드를 썼어요. 높임 표현을 알맞게 사용하여 쓴 카드를 찾아 ○표 하세요.

(1)
> 낳아 줘서 고마워.
> 언제나 사랑해.
> — 준호가

(   )

(2)
> 부모님, 감사해요!
> 늘 건강하세요.
> — 윤주 올림

(   )

> 글을 읽는 사람이 '선생님'이라는 것을 잊지 말고 높임 표현을 사용해요.

7 높임 표현을 사용하여 선생님께 주변 사람을 소개하는 글을 써 보세요.

선생님, _____ 을/를 소개해 드릴게요.

_____

_____

 # 13 내용에 알맞은 제목

내가 쓴 시야.
그런데 제목을 못 짓겠어.

제목: ( )

엄마가 할머니께 톡을 보낸다.
'엄마, 김치 고마워요 ㅋㅋ'

할머니께서 엄마에게 답한다.
'맛있게 먹어라 ㅋㅋ'

엄마가 할머니께 톡을 보낸다.
'엄마, 용이가 아파요 ㅎㅎ'

할머니께서 엄마에게 답한다.
'아가들은 아프면서 큰단다 ㅎㅎ'

할머니께서는
엄마가 ㅋㅋ 하면 ㅋㅋ 하고
엄마가 ㅎㅎ 하면 ㅎㅎ 한다.

엉엉, 너무 슬퍼.
제목을 ㅋㅋ ㅎㅎ로 하면
어때?

진짜 잘 썼다!
시인 같아. 제목은
'할머니의 마음' 어때?

 개념 사전

　　사람에게 이름이 있듯이 글이나 책에도 이름이 있는데, 그게 바로 '제목'이에요. 제목을 보면 그 글이 어떤 내용일지 떠올릴 수 있어요.

✦ **제목** 글의 내용을 대표하기 위하여 붙이는 이름

✦ **제목을 붙이는 방법**
- 글에서 가장 중요한 내용이 무엇인지 찾기
- 글의 중심 내용을 간단하고 짧게 만들기
- 읽는 사람이 관심을 가질 만한 표현으로 제목 정하기

짧은 글로 개념 확인

확인 문제를 풀어 보며 개념을 익혀요.

1~3 | 다음 글을 읽고, 제목으로 알맞은 것을 찾아 ○표 하세요.

1

지난 주말에 동생과 신나게 얼음 썰매를 탔다. 날씨가 몹시 추운 날이었는데, 썰매를 타는 동안에는 춥지 않았다. 추위도 잊을 만큼 재미있는 썰매, 또 타러 가고 싶다.

(1)
추운 겨울 날씨

( )

(2)
재미있는 썰매 타기

( )

2

우리는 콧속의 코털 덕분에 깨끗한 공기를 들이마실 수 있다. 코털이 병균이나 먼지가 몸속으로 들어가지 못하게 막아 주기 때문이다. 만약 코털이 없다면, 병균과 먼지가 코로 들어오는 공기를 따라 몸속으로 들어와 병에 걸리기 쉬울 것이다.

(1)
코털이 하는 일

( )

(2)
병균과 먼지 문제

( )

3

우리나라의 첫 철도는 서울과 인천 사이를 오가는 경인선이다. 경인선은 1896년 3월에 미국인이 공사를 시작하였는데, 돈이 부족하여 곧바로 공사를 멈추었다. 그러다가 1899년 4월 일본인이 공사를 다시 시작하여 그해 9월 18일에 지금의 인천 제물포와 서울 노량진 사이를 오가는 철도가 완성되었다.

(1)
우리나라 최초의 철도, 경인선

( )

(2)
오늘날 경인선의 모습

( )

행복을 주고 간 친구, 푸바오

1회독

소개 대상에

중심 내용에

🐾 많은 사랑을 받은 푸바오

푸바오는 2020년 7월 20일에 우리나라에서 처음 태어난 암컷 판다예요. 2014년, 중국 시진핑 국가주석이 우리나라를 방문할 때 데려온 수컷 판다 러바오와 암컷 판다 아이바오 사이에서 태어났어요. 태어날 때 몸무게는 197그램으로 무척 가벼웠고, 몸길이는 16.5센티미터로 아주 작았어요. 푸바오의 이름은 중국어로 '행복을 주는 보물'이라는 뜻이에요.

푸바오는 귀엽게 생긴 모습과 장난스러운 행동으로 우리나라에서 많은 **인기**˚를 끌었어요. 뒤뚱거리며 걷는 모습, 주식인 대나무를 우적우적 씹어 먹는 모습, 사육사와 장난치는 모습 등으로 큰 사랑을 받았지요. 푸바오가 사는 동물원은 푸바오를 보기 위해 온 사람들로 **북적였어요**˚. 그런데 이렇게 많은 사랑을 받은 푸바오가 네 살이 되던 2024년 4월에 중국으로 돌아갔어요.

- **인기**(人 사람 인, 氣 기운 기) 어떤 대상에 쏠리는 높은 관심.
- **북적이다** 많은 사람이 모여 어지럽게 들끓는다.

푸바오는 왜 중국으로 돌아간 걸까요? 푸바오는 한국에서 태어났지만 중국의 판다예요. 부모의 보살핌을 받지 않고 혼자 살 수 있는 나이가 되면 중국에 돌려주기로 하고 몇 년 동안만 우리나라에서 키운 거예요. 푸바오는 '자이언트 판다'로, 이 동물은 현재 전 세계에 1,800여 마리밖에 남아 있지 않아요. 중국은 판다를 연구하고 개체 수를 늘리기 위해서 다른 나라에 빌려준 판다를 돌려받고 있어요. 푸바오도 중국의 보호를 받아야 해서 돌아간 거예요.

푸바오가 태어날 때부터 함께한 사육사는 "푸바오가 떠나는 것은 아쉽지만 푸바오는 중국에서 더 행복할 수 있다."라고 말했어요. 중국은 판다에게 맞는 환경이 갖추어져 있고, 좋은 짝을 만날 수도 있기 때문이에요.

푸바오가 우리나라에 없는 것은 아쉽지만, 우리는 푸바오가 중국에서 멋있는 자이언트 판다로 자라기를 바라며 **응원**˚해야겠습니다.

● **응원**(應 응할 응, 援 도울 원) 힘을 낼 수 있도록 도와주는 일.

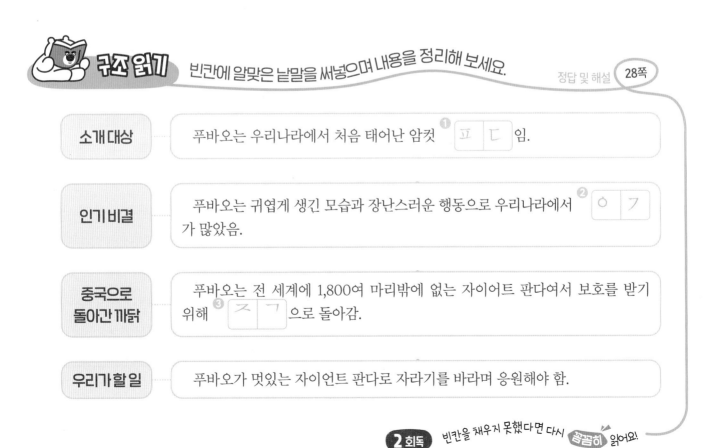

구조 읽기 빈칸에 알맞은 낱말을 써넣으며 내용을 정리해 보세요.

정답 및 해설 （28쪽）

소개 대상	푸바오는 우리나라에서 처음 태어난 암컷 ❶ ㅍ ㄷ 임.
인기 비결	푸바오는 귀엽게 생긴 모습과 장난스러운 행동으로 우리나라에서 ❷ ㅇ ㄱ 가 많았음.
중국으로 돌아간 까닭	푸바오는 전 세계에 1,800여 마리밖에 없는 자이어트 판다여서 보호를 받기 위해 ❸ ㅈ ㄱ 으로 돌아감.
우리가 할 일	푸바오가 멋있는 자이언트 판다로 자라기를 바라며 응원해야 함.

2회독 빈칸을 채우지 못했다면 다시 **꼼꼼히** 읽어요!

1 이 글에서 소개하고 있는 것에 ○표 하세요.

러바오	푸바오	사육사
(　　　)	(　　　)	(　　　)

2 푸바오에 대한 설명으로 알맞지 <u>않은</u> 것은 무엇인가요? (　　　)

① 푸바오는 중국에서 태어났다.
② 푸바오는 자이언트 판다이다.
③ 푸바오는 주로 대나무를 먹는다.
④ 푸바오는 2024년 4월에 중국으로 돌아갔다.
⑤ 푸바오의 이름은 '행복을 주는 보물'이라는 뜻이다.

3 ㉠에 들어갈 제목으로 가장 알맞은 것은 무엇일까요? (　　　)

① 판다를 보호하자
② 사육사와 푸바오의 우정
③ 중국으로 돌아간 푸바오
④ 전 세계의 다양한 판다들
⑤ 판다 가족의 행복한 생활

4 제목을 지을 때 생각해야 하는 것을 알맞게 말한 친구를 찾아 ○표 하세요.

(1) 해인: 제목은 어렵게 쓰는 게 좋아. (　　　)

(2) 선재: 제목은 글의 내용에 어울리게 써야 해. (　　　)

(3) 준이: 제목은 글의 내용을 알 수 있게 길게 써야 해. (　　　)

5 다음 기사를 보고 짐작할 수 있는 내용으로 알맞은 것에 ○표 하세요.

2024년 4월, 중국으로 떠나는 푸바오를 배웅하기 위해 많은 사람이 동물원을 찾았다.

(1) 비 오는 날 사람들이 동물원에 많이 온다. (   )

(2) 푸바오가 가는 것을 서운해하는 이들이 많다. (   )

(3) 동물원에서 가장 오래 산 동물은 자이언트 판다이다. (   )

6 이 글을 읽은 후 다음 글을 보고 생각할 수 있는 내용을 알맞게 말한 친구의 이름을 쓰세요.

많은 나라가 판다를 보호하기 위해 동물원에서 판다를 기르고, 새끼 판다를 보호하고 있다.

동물원에서 판다를 보호하는 것도 중요하지만, 야생 판다가 살아갈 수 있는 환경을 만드는 것도 중요해.

서준

사람들이 다 자이언트 판다만 좋아해서 다른 야생 동물들이 슬플 것 같아.

다윤

(   )

7 다음 글을 읽고, 내용에 어울리는 제목을 쓰세요.

푸바오와 사육사의 애틋한 우정을 그린 영화가 만들어진다. 이 영화는 푸바오가 사육사를 처음 만나서, 보살핌을 받다가 헤어지는 과정을 찍었다. 푸바오의 일상이 담긴 영화는 사람들에게 행복한 추억을 전해 줄 것이다.

14 이야기에서 일어난 일

『피노키오』에서는 피노키오가 거짓말을 해서 코가 길어지는 일이 일어나지요. 이처럼 이야기 속에서는 어떤 일이 벌어져요. 이야기에 나오는 인물들이 하는 말이나 행동을 살펴보면 어떤 일이 일어나는지 알 수 있어요.

✦일어난 일 파악하기

- 등장인물의 말과 행동을 살펴보기
- 등장인물의 행동을 누가, 언제, 어디에서, 무엇을, 어떻게, 왜 했는지 정리하기

확인 문제를 풀어 보며 개념을 익혀요.

1~2 **다음 글을 읽고, 이 글에서 일어난 일을 찾아 번호를 쓰세요.**

1

수업 시간에 창밖을 보던 철이가 소리쳤다.
"우아, 신난다!"
그러자 아이들이 모두 창밖을 내다보았다.
"와! 첫눈이다!"
그러자 선생님이 말씀하셨다.
"눈이 쌓이면 다 같이 눈놀이 하러 나가자!"

(1) 아이들이 쌓인 눈으로 눈놀이를 함.

(2) 아이들이 첫눈 오는 걸 내다봄.

(   )

2

"얘들아, 엄마 왔다!"
오누이는 문틈으로 엄마 옷을 보고 문을 열려고 했어요. 그런데 엄마 목소리가 너무 굵었어요. 이상하다고 느낀 오누이가 말했어요.
"우리 엄마가 맞다면, 문틈으로 손을 내밀어 보세요."
호랑이가 앞발을 쑥 하고 내밀었어요. 오누이는 수북한 털을 보고 깜짝 놀랐지요.
"엄마야. 어서 문 열어."

(1) 일을 마친 엄마가 오누이가 있는 집으로 돌아옴.

(2) 엄마 옷을 입은 호랑이가 오누이가 있는 집으로 찾아옴.

(   )

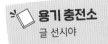
용기 충전소

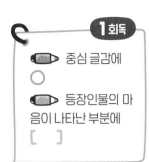
1회독

중심 글감에 ○

등장인물의 마음이 나타난 부분에 [ ]

공짜로 용기를 드립니다. 당장 충전°하세요!

'용기를 충전할 수 있다고? 말도 안 돼!'

나는 믿기지 않아서 그냥 돌아서려 했어요. 그러다 번뜩, 이런 생각이 들었어요.

'혹시 모르잖아? 그리고 만약 진짜로 용기를 충전할 수 있다면, 오늘 말하기 대회는 문제없겠는걸!'

부스° 안에 있는 기계는 지하철 교통카드 충전기랑 비슷했어요. 가운데 네모난 화면이 있고, 화면 옆에는 손바닥 모양 그림이 있었어요.

기계를 위아래로 살펴봤어요. 방법을 알아야 충전할 테니까요. 그러다 화면 아래에 조그맣게 써진 글자가 눈에 들어왔어요.

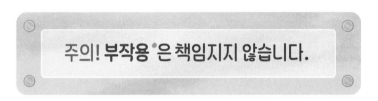

주의! **부작용°**은 책임지지 않습니다.

어떤 부작용이 나타나는 걸까요? 몸이 개미만큼 작아질까요? 갑자기 확 늙는 걸까요? 아니면 몹쓸 병에 걸리거나, 그것도 아니면······.

더럭° 겁이 나기도 하고, 걱정스럽기도 해서 머뭇거렸어요. 그런 내 마음을 알아챈 걸까요? 갑자기 화면이 환해지더니 **낭랑한°** 누나 목소리가 흘러나왔어요.

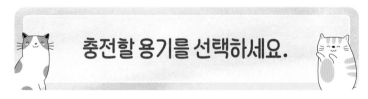

충전할 용기를 선택하세요.

목소리를 들으니까 마음이 조급해졌어요. 얼른 화면을 보았어요. 글자가 쓰인 버튼이 보였어요.

발표왕   운동왕   싸움왕   고백왕

- **충전**(充 가득할 충, 塡 메울 전) 전기나 기름 같은 에너지를 채우는 일.

- **부스** 칸막이한 공간이나 좌석.

- **부작용**(副 버금 부, 作 지을 작, 用 쓸 용) 어떤 일에 따라서 일어나는 바람직하지 못한 일.

- **더럭** 어떤 생각이나 감정 따위가 갑자기 생기는 모양. 또는 어떤 행위를 하는 모양.

- **낭랑**(朗 맑을 랑, 朗 맑을 랑)**하다** 소리가 맑고 또랑 또랑하다.

솔직히 모두 다 갖고 싶은 용기들이었어요. 발표 잘하는 아이들은 인기가 많아요. 운동 잘하는 아이랑, 재미있게 말하는 아이도 마찬가지죠. 싸움 잘하고 싶은 건 말할 필요도 없어요.

하지만 당장 필요한 용기는 발표왕이었어요. 나는 발표왕을 고르고 '다음' 버튼을 눌렀어요. 〈중략〉

손 그림 위에 손바닥을 올리자 지잉, 하고 소리가 났어요. 손바닥으로 서서히 따듯한 **기운**˚이 올라오는 느낌이 들었어요. 따듯한 기운은 팔목을 지나 어깨를 타고 가슴 아래로 내려갔어요. 마침내 배꼽 밑 아랫배가 후끈후끈해졌어요. 〈중략〉

"고래는 어디로 물을 뿜을까요? 발표해 볼 사람?"

예전 같으면 나는 답을 알아도 손을 들지 않았을 거예요. 그런데 내 손이 어느새 번쩍 올라가 있지 뭐예요.

"김윤재, 오늘은 웬일이니? 선생님이 시킬 때 빼고는 발표라곤 안 하더니."

나는 큰 목소리로 자신 있게 대답했어요.

"정답은 고래의 머리에 있는 콧구멍입니다."

아이들이 하하 웃음을 터뜨렸어요. 선생님이 미소 지으며 말했어요.

"정답은 고래의 머리에 있는 숨구멍이에요."

나는 틀렸는데도 기분이 좋았어요. 나 때문에 채연이가 웃었으니까요.

● **기운** 생물이 살아 움직이는 힘.

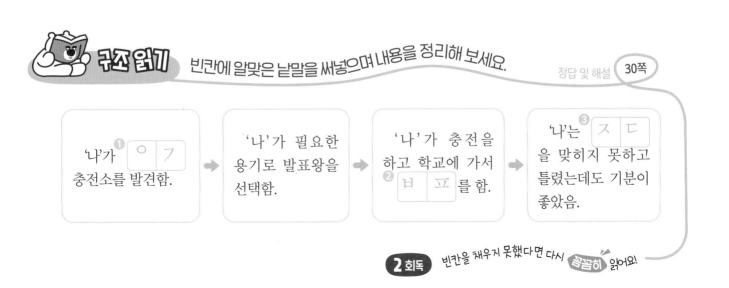

구조 읽기 빈칸에 알맞은 낱말을 써넣으며 내용을 정리해 보세요.

정답 및 해설 30쪽

| '나'가 ① ○ ㄱ 충전소를 발견함. | → | '나'가 필요한 용기로 발표왕을 선택함. | → | '나'가 충전을 하고 학교에 가서 ② ㅂ ㅍ 를 함. | → | '나'는 ③ ㅈ ㄷ 을 맞히지 못하고 틀렸는데도 기분이 좋았음. |

2 회독 빈칸을 채우지 못했다면 다시 꼼꼼히 읽어요!

1 '용기 충전소'에 대한 설명으로 알맞은 것에 ○표, 알맞지 <u>않은</u> 것에 ✕표 하세요.

(1) 공짜로 용기를 충전해 준다. (   )

(2) 부작용이 생기면 책임져 준다. (   )

(3) 충전을 하고 나면 배가 차가워진다. (   )

(4) 지하철 교통카드 충전기랑 비슷한 기계가 있다. (   )

(5) 여러 종류의 용기 중에서 선택해서 충전할 수 있다. (   )

2 다음 상황에서 윤재의 마음으로 알맞은 것을 찾아 선으로 이으세요.

(1) | 용기 충전소에 들어갔을 때 | •   • ① | 기분이 좋았다. |

(2) | 주의! 부작용을 읽었을 때 | •   • ② | 믿기지가 않았다. |

(3) | 틀렸지만 발표를 마쳤을 때 | •   • ③ | 겁이 나고 걱정스러웠다. |

3 윤재의 행동으로 인해 윤재에게 일어난 일을 찾아 선으로 이으세요.

윤재의 행동		윤재에게 일어난 일
(1) 발표왕을 선택해서 용기를 충전했다.	• • ①	아이들이 하하 웃음을 터뜨렸다.
(2) 큰 목소리로 자신 있게 틀린 답을 말했다.	• • ②	선생님 질문에 손을 번쩍 들고 발표할 수 있었다.

4 윤재가 여러 용기 중에서 발표왕을 선택한 까닭은 무엇인가요?

( )

① 맨 앞에 써 있어서
② 좋아하는 채연이를 웃기고 싶어서
③ 목소리를 들으니까 마음이 조급해져서
④ 오늘 말하기 대회가 있고 당장 필요한 용기여서
⑤ 운동 잘하는 아이보다 발표 잘하는 아이가 더 인기 있어서

5 이 이야기를 <u>잘못</u> 이해한 친구의 이름을 쓰세요.

'용기 충전소'는 윤재에게 정답을 알려 줘서 도움이 됐어.

보리

부작용이 있어도 충전한 걸 보면, 윤재는 정말로 발표를 잘하고 싶었나 봐.

강두

발표 시간에 윤재 손이 번쩍 올라간 걸 보면 정말 용기가 충전되었나 봐.

두나

( )

어떤 용기를 갖고 싶은지 떠올려 보고, 그 용기로 하고 싶은 일을 써 보아요.

6 내가 충전하고 싶은 용기를 고르고, 그 용기를 고른 까닭과 갖게 되었을 때 일어날 일을 상상하여 써 보세요.

발표왕   운동왕   씨움왕   고백왕

나는 충전하고 싶은 용기로 ＿＿＿＿＿＿＿＿＿ 을 골랐다.

＿＿＿＿＿＿＿＿＿＿＿＿＿＿＿＿＿＿＿＿＿＿＿＿＿

＿＿＿＿＿＿＿＿＿＿＿＿＿＿＿＿＿＿＿＿＿＿＿＿＿

15 상황에 맞는 인사말

　　이웃집 할머니를 만났을 때 인사를 드리면 반가운 마음을 표현할 수 있고, 친구에게 반갑게 인사하면 그 친구와 금방 친해질 수 있어요. 이처럼 상황에 맞는 인사는 사람과 사람을 가깝게 만들어 주어요.

✦ **상황에 맞는 인사말** 인사말은 예의를 표시하는 말로, '만날 때', '헤어질 때' 등 상황에 맞게 하고 마음을 담아서 해야 함.

　　예 식사할 때 → "잘 먹겠습니다."

　　　아침 등굣길에 친구를 만났을 때 → "안녕?"

　　　친구와 헤어질 때 → "안녕, 잘 가."

　　　웃어른께 선물을 받았을 때 → "고맙습니다.", "감사합니다."

확인 문제를 풀어 보며 개념을 익혀요.

1~2 **다음 문장에서 인사말을 찾아 밑줄을 그으세요.**

1
> 원이는 현관문 앞에 서서 엄마 아빠께 인사를 드렸어요.
> "학교 다녀오겠습니다."

2
> 삐걱, 문이 열리자 마법사 오즈가 도로시와 친구들을 반갑게 맞이했어요.
> "어서 오세요!"

3~6 **상황에 맞는 인사말을 찾아 선으로 이으세요.**

3 식사할 때 • • ① "잘 가!"

4 친구와 헤어질 때 • • ② "잘 먹겠습니다."

5 웃어른께 선물을 받았을 때 • • ③ "안녕?"

6 등굣길에 친구를 만났을 때 • • ④ "고맙습니다."

정답 1 학교 다녀오겠습니다. 2 어서 오세요! 3 ② 4 ① 5 ④ 6 ③

15. 상황에 맞는 인사말 **99**

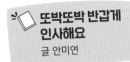

또박또박 반갑게
인사해요
글 안미연

또박또박 반갑게 인사해요

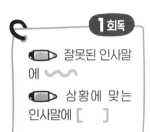

1회독

- 잘못된 인사말
에 ~~~~

- 상황에 맞는
인사말에 [　]

오늘은 포포가 처음으로 유치원에 가는 날이에요. 포포는 가방을 메고 여우 박사님에게 큰 소리로 인사했어요.

"다녀왔습니다!"

"어이쿠! 인사말 **기능**˚을 잘못 입력했나 봐. 이를 어쩐다. 고칠 시간이 없는데……."

오늘 유치원에 못 간다고 하면 포포가 실망하겠죠? 하지만 이대로 간다면 포포는 온종일 엉뚱한 인사를 하고 말 거예요.

"옳지! 키키를 함께 보내면 되겠구나."

키키는 여우 박사님이 만든 귀뚜라미 로봇이에요. 모르는 게 없는 똑똑이 로봇이에요.

"키키야, 넌 몸집이 작으니까 친구들에게 보이지 않게 숨어서 포포를 도와주렴."

여우 박사님은 키키에게 단단히 일렀어요.

"염려 마세요, 박사님."

키키는 어깨를 으쓱대며 포포의 어깨 위로 팔짝 뛰어올랐어요. 〈중략〉

포포는 선생님에게 인사했어요.

"다녀오겠습니다!"

선생님은 깜짝 놀랐어요. 친구들은 어리둥절해서 포포를 쳐다보았어요. 키키가 재빨리 **귓속말**˚을 했어요.

"어른을 만났을 때는 '안녕하세요.'라고 인사하는 거야."

포포는 고개를 끄덕였어요. 간식 시간이에요. 선생님은 포포에게 딸기 과자를 주셨어요. 신이 난 포포는 인사를 했어요.

"안녕하세요!"

선생님은 깜짝 놀랐어요. 친구들은 깔깔대고 웃었어요. 키키는 또 재빨리 귓속말을 했어요.

"어른이 무엇을 주시면 '고맙습니다.'라고 인사하는 거야."

이제 집으로 돌아갈 시간이에요. 선생님은 포포와 친구들에게 손을 흔

- **기능**(機 틀 기, 能 능할 능)
하는 구실. 또는 작용을 함.

- **귓속말** 남의 귀에 가까이
대고 소곤거리는 말.

들었어요.

"잘 먹겠습니다!"

선생님은 깜짝 놀라 눈이 커다래졌어요. 키키는 너무 피곤했어요. 그래도 꾹 참고 귓속말을 했어요.

"헤어질 때는 '안녕히 계세요.'라고 해야지!"

포포는 얼굴이 빨개졌지만 웃으며 인사했어요.

"안녕히 계세요." 〈중략〉

포포는 가방을 달랑거리며 집으로 뛰어갔어요. 포포와 키키가 집에 거의 다 왔어요. 애타게 기다리던 여우 박사님이 반갑게 손을 흔들었어요.

"포포, 키키! 잘 다녀왔니? 유치원은 재미있었어?"

"네!"

포포와 키키는 **동시**˚에 큰 소리로 대답했어요. 여우 박사님은 포포와 키키의 어깨를 토닥여 주었어요. 그때 갑자기 포포가 제 머리를 툭 쳤어요.

"참, 깜박했어요."

박사님과 키키가 포포를 쳐다보았어요.

"다녀왔습니다!"

여우 박사님은 하하하 웃었어요.

● **동시**(同 같을 동, 時 때 시)
같은 때.

 **구조읽기** 빈칸에 알맞은 낱말을 써넣으며 내용을 정리해 보세요.

정답 및 해설 32쪽

포포와 키키가 함께 유치원에 간 까닭	인사말 기능이 잘못 입력되어 엉뚱한 ❶ ㅇ ㅅ 를 하는 포포를 키키가 유치원에 같이 가서 도와주기로 함.

⬇

유치원에서의 포포와 키키	유치원에서 포포가 틀린 ❷ ㅇ ㅅ ㅁ 을 할 때마다 키키가 ❸ ㄱ ㅅ ㅁ 로 정확한 인사말을 알려 줌.

⬇

집에 온 포포와 키키	집으로 돌아온 포포가 바르게 인사말을 해서 여우 박사님이 웃음.

2 회독 빈칸을 채우지 못했다면 다시 꼼꼼히 읽어요!

1 오늘 포포가 다녀온 곳이 어디인지 쓰세요.

<table>
<tr><td></td><td></td><td></td></tr>
</table>

2 여우 박사님이 키키를 포포와 함께 유치원에 보낸 까닭이 <u>아닌</u> 것은 무엇인가요? (　　　　　)

① 포포가 온종일 엉뚱한 인사를 할까 봐
② 포포에게 인사말 기능을 잘못 입력해서
③ 키키는 숨어서 포포를 도와줄 수 있어서
④ 키키는 모르는 게 없는 똑똑이 로봇이라서
⑤ 키키도 유치원에 가서 인사말을 배워야 해서

3 다음 장면에 나타난 포포의 인사말을 알맞게 고친 것은 무엇인가요?
(　　　　　)

> 선생님은 포포에게 딸기 과자를 주셨어요. 신이 난 포포는 인사를 했어요.
> "안녕하세요!"

① "반갑습니다!"　　　　② "고맙습니다!"
③ "다녀왔습니다."　　　④ "안녕히 계세요."
⑤ "안녕히 다녀오셨어요?

4 이 이야기를 읽고 인사할 때 주의해야 할 점을 알맞게 말한 친구의 이름을 쓰세요.

너무 쑥스러우면 인사를 하지 않아도 괜찮아.

서준

언제 누구에게 인사하는 것인지 살펴보고, 상황에 맞게 인사를 해야 해.

해솔

(　　　　　)

5 집에 오자 바르게 인사를 한 포포가 키키에게 인사를 한다면 어떤 인사말을 했을지 알맞은 것을 골라 ○표 하세요.

(1) 키키, 인사말을 가르쳐 줘서 고마워!

(   )

(2) 키키, 맛있게 먹어.

(   )

6 등장인물에 대해 알맞게 말한 친구를 두 명 고르세요. (,   )

① 지훈: 키키는 귓속말을 못 알아들어서 고생했을 것 같아.

② 희진: 여우 박사님이 애타게 기다린 걸로 보아 포포를 걱정한 것 같아.

③ 수호: 포포가 엉뚱한 인사말을 해서 유치원 친구들이 화났을 것 같아.

④ 민아: 키키는 피곤했지만, 꾹 참고 귓속말을 한 걸로 보아 참을성이 많은 것 같아.

⑤ 선영: 키키가 없었더라면 포포는 엉뚱한 인사말을 해서 친구들에게 인기가 많아졌을 것 같아.

듣는 사람에게 마음이 전해지도록 상황에 맞는 인사말을 써요.

7 다음 글을 읽고, 상황에 맞는 인사말을 써 보세요.

> 오늘은 어버이날이에요. 동생과 나는 색종이로 카네이션을 만들었어요. 동생은 아직 글자를 몰라서 편지는 내가 써 주었어요. 동생이 나에게 물어보았어요.
> "엄마 아빠께 뭐라고 썼어?"

" _____ "

4 주차에서 우리는

16 시에서 떠오르는 장면

장면을 떠올리며 시를 감상하면 시의 내용을 잘 이해할 수 있고, 감상한 시에 대한 자신의 느낌도 잘 표현할 수 있어요.

★ 장면을 떠올리며 시를 감상하는 방법

• 시 속 인물의 마음을 생각하며 시의 장면을 떠올리기
• 자신이 경험했던 일을 생각하며 시의 장면을 떠올리기

확인 문제를 풀어 보며 개념을 익혀요.

1~2 **다음 시를 읽고, 떠오르는 장면에 ○표 하세요.**

1

> 둥둥 엄마 오리
> 못 물 위에 둥둥
> 동동 아기 오리
> 엄마 따라 동동
>
> – 권태응, 「오리」

(1)

(   )

(2)

(   )

2

> 지난밤에 눈이 소오복 왔네
> 지붕이랑 길이랑 밭이랑 추워한다고
> 덮어 주는 이불인가 봐
> 그러기에 추운 겨울에만 내리지.
>
> – 윤동주, 「눈」

(1)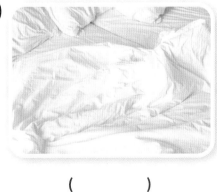

(   )

(2)

(   )

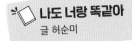
가 지우개 사과

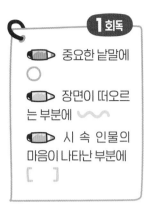
㉠말없이
쑥
내민다

아끼는
지우개라고
손도 못 대게 하더니

다투고
난 뒤
내미는 지우개

말로
미안하다면
될 것을

사과 대신
받은 지우개
조금 전
다투었던 일

싹
지우라는
뜻인가.

● **다투다** 서로 따지며 싸우다.

● **사과**(謝 사례할 사, 過 지날 과) 자신의 잘못을 인정하고 용서를 빎.

나 같이 놀자

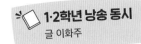
새 한 마리
교실 창밖 **산목련** 나뭇가지에 와서
공부하는 아이들 불러낸다
"놀자, 우리 같이 놀자."
아이 하나 포르르 날아 나간다
아이 둘 포르르 날아 나간다
아이 셋, 아이 넷, 아이 다섯…
포르르, 포르르 새가 되어 날아 나간다
혼자 남은 선생님도
새가 되어 **푸드덕** 따라 나간다.

● **산목련** 함박꽃나무. 깊은 산 속에서 자라서 산목련이라 고도 한다.

● **푸드덕** 큰 새가 날개를 힘 있게 치는 소리나 모양.

구조 읽기 빈칸에 알맞은 낱말을 써넣으며 내용을 정리해 보세요. 정답 및 해설 (34쪽)

가 [지우개 사과]

1~3연 ① 다투고 난 뒤 친구가 말없이 [ㅈ][ㅇ][ㄱ] 를 내밂.

↓

4~6연 ② [ㅅ][ㄱ] 대신 받은 지우개를 보며 친구가 지우개를 준 뜻을 생각함.

나 [같이 놀자]

1연 ③ [ㅅ] 한 마리가 교실 창밖에서 지저귀고, 그 소리에 아이들과 선생님이 하나둘 새가 되어 날아감.

2회독 빈칸을 채우지 못했다면 다시 **꼼꼼히** 읽어요!

1 시 **가**와 **나**의 글감을 찾아 선으로 이으세요.

(1) **가** 「지우개 사과」 •

(2) **나** 「같이 놀자」 •

• ① 교실 창밖에서 지저 귀는 새

• ② 다퉜던 친구가 건네 준 지우개

2 시 **나**에 나오지 <u>않는</u> 것을 두 가지 고르세요. (　　　,　　　)

① 새　　　　　　　② 구름　　　　　　　③ 벌레
④ 아이들　　　　　⑤ 선생님

3 시 **가**를 읽고 떠오르는 장면에는 ○표 하고, 시 **나**를 읽고 떠오르는 장면에는 △표 하세요.

(1) 친구가 건네는 지우개를 어색하게 받는 장면.

(　　　)

(2) 아이들이 교실 밖으로 뛰어나가는 장면.

(　　　)

(3) 새가 나뭇가지에 앉아 지저귀는 장면.

(　　　)

(4) 한 친구가 말없이 지우개를 친구에게 내미는 장면.

(　　　)

4 시 **가**의 ㉠에서 짐작할 수 있는 친구의 마음은 무엇인가요? (   )

① 고맙다　　　　② 흐뭇하다　　　　③ 지루하다

④ 안쓰럽다　　　　⑤ 쑥스럽다

5 시 **나**의 아이들과 비슷한 마음인 친구를 찾아 ○표 하세요.

(1) 친구들과 수영장에서 물장난을 치며 노는 경인이 (   )

(2) 공원에서 친구들과 자전거를 타다 넘어져서 병원에 간 미라

(   )

(3) 집에서 숙제하다 놀이터에서 신나게 노는 소리를 들은 준영이

(   )

> 길에서 고양이를 만났을 때 내 마음이 어떨지 상상해 봐요.

6 길에서 고양이를 만난 장면이 떠오르도록 시를 써 보세요.

제목: _____

집에 가는 길, 가로등 밑에서 만난 아기 고양이.
야옹야옹 나를 보고 말했다.

_____

_____

17 글 속의 흉내 내는 말

'쿵쾅쿵쾅 달리고 깔깔 웃는다.'라는 문장에서 '쿵쾅쿵쾅'과 '깔깔'이 흉내 내는 말이에요. 흉내 내는 말이 쓰인 글을 읽으면 소리나 모양이 생생하게 느껴져요.

✦ 흉내 내는 말

• 소리나 모양을 그대로 흉내 내어 재미있게 나타내는 말
  예 깡총깡총, 뒤뚱뒤뚱, 멍멍, 칙칙폭폭

• 흉내 내는 말이 쓰인 글을 읽으면, 모양이나 소리가 생생하게 느껴짐.

확인 문제를 풀어 보며 개념을 익혀요.

1~3 **다음 문장을 읽고, 소리나 모양을 흉내 내는 말을 찾아 빈칸에 쓰세요.**

1 햇볕이 쨍쨍 내리쬡니다. (   )

2 바람이 산들산들 붑니다. (   )

3 비가 주룩주룩 내립니다. (   )

4~6 **다음 그림에 어울리는 흉내 내는 말을 찾아 ○표 하세요.**

4  아기가 (방글방글 / 찰랑찰랑) 웃어요.

5 준이가 (꿀꺽꿀꺽 / 첨벙첨벙) 물을 마셔요.

6  포도가 (살랑살랑 / 주렁주렁) 열렸어요.

시끌시끌 소음 공해 이제 그만!

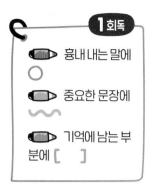

1회독

흉내 내는 말에
○

중요한 문장에
～～～

기억에 남는 부
분에 [   ]

우리가 세상에서 처음 들은 소리는 무슨 소리일까?

배 속에서 들은 엄마 심장 소리 아닐까?

엄마가 **초음파 사진°**을 보고 반갑게 인사해.

다정한 목소리를 듣고 아기의 심장도 콩콩 뛰어.

세상은 소리로 둘러싸여 있어.

개구리의 개굴개굴 소리가 봄을 알리고,   ㉠   냉이 된장찌개

끓는 소리가 군침 돌게 해.

여름날 참새가 짹짹거리며 아침을 깨우고, 시원한 바람 소리와 함께

        ㉡   노랫소리가 들리기도 해.

가을이 되면 스스스 풀벌레 소리도 들리고, 저녁이 되어 딩동 소리가

나면 아빠가 **퇴근°**하고 오신 거야.

조용한 겨울밤에도 째깍째깍 시계 돌아가는 소리는 계속 나지.

        ㉢   잠든 아가의 숨소리까지 크고 작은 소리로 세상은 가득해.

- **초음파 사진**(超 넘을 초, 音 소리 음, 波 물결 파, 寫 베 낄 사, 眞 참 진) 초음파로 몸 안쪽을 비춰 볼 수 있는 사진.

- **퇴근**(退 물러날 퇴, 勤 부지 런할 근) 일터에서 일을 마 치고 돌아오거나 돌아감.

우리가 가만히 귀 기울여야 들리는 소리도 있어.

풀잎을 스치는 바람 소리.

마른 낙엽 위를 구르는 도토리 소리.

부지런히 움직이는 개미들의 발자국 소리.

사람들이 많아지고 도시가 복잡해지면 소리도 더 많아지고 더 커져.

자동차 소리, 쉬지 않고 울리는 휴대폰 소리, 다리를 **건설***하는 소리, 높은 건물을 짓는 소리.

어떤 사람들은 활기찬 소리로 느끼지만, 많은 사람들은 이런 소리를 **소음***으로 느껴.

- **건설**(建 세울 건, 設 베풀 설) 건물, 설비, 시설 따위를 새로 만들어 세움.
- **소음**(騷 떠들 소, 音 소리 음) 불규칙하게 뒤섞여 불규칙하고 시끄러운 소리.

 **구조 읽기** 빈칸에 알맞은 낱말을 써넣으며 내용을 정리해 보세요.

정답 및 해설 **36쪽**

소리로 둘러싸인 세상

| 우리가 세상에서 처음 들은 엄마 심장 ① ㅅ ㄹ | 계절별로 들을 수 있는 크고 작은 소리 | 가만히 ② ㄱ 를 기울여야 들을 수 있는 소리 | ③ ㄷ ㅅ 에서 나는 다양한 소리 |

2 회독 빈칸을 채우지 못했다면 다시 꼼꼼히 읽어요!

1 우리가 세상에서 처음 들은 소리는 무엇인지 ○표 하세요.

(1) 배 속에서 들은 엄마 심장 소리   (   )

(2) 초음파 사진을 찍는다고 말하는 의사의 목소리   (   )

2 이 글을 읽고 알 수 있는 내용으로 알맞지 <u>않은</u> 것은 무엇인가요?

(   )

① 세상은 소리로 둘러싸여 있다.

② 아기는 배 속에서 엄마의 목소리를 듣는다.

③ 가만히 귀를 기울여야 들리는 소리도 있다.

④ 사람이 많아지고 도시가 복잡해지면 소리는 적어진다.

⑤ 쉬지 않고 울리는 휴대폰 소리를 소음으로 여기는 사람도 있다.

3 다음 뜻을 가진 흉내 내는 말을 이 글에서 찾아 쓰세요.

> 시계의 톱니바퀴가 자꾸 돌아가는 소리를 흉내 내는 말.

(   )

4 ㉠~㉢에 들어갈 흉내 내는 말로 알맞은 것을 선으로 이으세요.

(1) ㉠ •   • ① 새근새근

(2) ㉡ •   • ② 보글보글

(3) ㉢ •   • ③ 홍얼홍얼

5 이 글을 읽고 도시에서 나는 소리의 특징을 알맞게 말한 친구의 이름을 쓰세요.

가을이 되면 들리는 풀벌레 소리나 조용한 겨울밤 돌아가는 시계 소리는 활기찬 소리로 느껴져.

정후

도시에 다리나 건물을 건설할 때는 쾅쾅, 쿵쿵 시끄러운 소리가 나.

수연

(   )

6 다음은 이 글에서 나온 '우리가 가만히 귀 기울여야 들리는 소리'예요. 이 소리들의 공통점은 무엇인가요? (   )

> 풀잎을 스치는 바람 소리.
> 마른 낙엽 위를 구르는 도토리 소리.
> 부지런히 움직이는 개미들의 발자국 소리.

① 밤에만 들을 수 있는 소리이다.
② 여름에만 들을 수 있는 소리이다.
③ 매우 작게 들리는 자연의 소리이다.
④ 사람이 많아질수록 많이 들리는 소리이다.
⑤ 사람들이 대부분 소음으로 느끼는 소리이다.

기분이 좋아지는 소리와 얼굴이 찌푸려지는 소리를 떠올려 봐요.

7 자신이 좋아하는 소리와 시끄럽게 느끼는 소리에 대해 흉내 내는 말을 넣어 써 보세요.

나는 _____

소리는 듣기 좋은데, _____

_____ 소리는 시끄럽게 느껴진다.

18 감정을 나타내는 표현

 개념 사전

　　감정을 나타내는 표현을 알면 내 마음을 잘 표현할 수 있는 것은 물론이고, 글에 나타 난 인물의 마음도 잘 이해할 수 있어요.

✦ **감정** 어떤 일이나 사물에 대하여 일어나는 마음이나 느끼는 기분

　예 기쁘다, 슬프다, 즐겁다, 무섭다, 두렵다, 불안하다

✦ **감정을 표현하는 방법**

- 다양한 감정과 관련된 표현 알기
- 감정을 표현할 때 바르고 고운 말 사용하기
- 다른 사람의 감정 이해하기

개념 확인

확인 문제를 풀어 보며 개념을 익혀요.

1~2 다음 문장을 읽고, 감정을 나타내는 표현에 ○표 하세요.

1
> 아빠께 생일 선물을 받아서 기뻤다.

2
> 실수로 친구의 장난감을 망가뜨려서 미안했다.

3~5 다음 그림에 어울리는 감정을 나타내는 말을 찾아 선으로 이으세요.

3 ·

· ① 괴롭다

4 ·

· ② 무섭다

5  ·

· ③ 신나다

정답 1 기뻤다 2 미안했다 3 ② 4 ③ 5 ①

18. 감정을 나타내는 표현 **119**

리디아의 정원

1회독

🖊 편지를 쓴 대상에 ○

🖊 감정을 나타내는 표현에 〰

[편지를 쓴 상황] 꽃을 가꾸는 것을 좋아하는 리디아는 집안 사정이 어려워지자 외삼촌 집에 맡겨집니다. 리디아는 외삼촌의 가게에서 빵 만드는 법을 배우면서 틈틈이 꽃과 화분을 가꿉니다. 버려진 옥상을 멋진 정원으로 만든 리디아는 그곳으로 외삼촌을 초대합니다.

집 외삼촌께

기차역에서 이 편지를 부칩니다. 지난번 편지에 잊어버리고 쓰지 못한 것이 있습니다. 저한테는 아주 중요하지만, 부끄러워서 외삼촌 얼굴을 마주한 채로는 도저히 말씀을 드릴 수가 없어서요.

1. 전 원예°는 꽤 알지만, 빵은 전혀 만들 줄 모릅니다.

2. 하지만 전 빵 만드는 걸 굉장히 배우고 싶어요. 외삼촌 저, 그곳에는 꽃씨를 심을 만한 데가 있을까요?

3. 저를 "리디아 그레이스"라고 불러 주셨으면 해요. 할머니가 절 부르시는 것처럼요.

1935년 9월 3일

조카 리디아 그레이스 핀치

엄마

엄마가 입던 옷으로 이렇게 예쁜 옷을 만들어 주셔서 고맙습니다. 이 옷을 입고 있어서인지 제가 무척이나 예쁘게 보입니다. ㉮엄마가 이 옷 때문에 너무 속상해하지 않았으면 좋겠어요.

아빠

아빠가 외삼촌에 대해 하신 말씀 잊지 않았어요.

"엄마 얼굴에다 커다란 코와 콧수염이 있는 사람이 네 외삼촌이야. 그 사람만 찾으면 돼."

외삼촌한테는 말하지 않을게요. 약속해요.

그런데 아빠, 외삼촌은 유머 감각°이 있는 분이에요?

- **원예**(園 동산 원, 藝 심을 예) 채소, 과일, 화초 따위를 심어서 가꾸는 일.

- **유머 감각** 어떤 일이나 대상에 대해 즐거움을 느끼고 익살스럽게 표현할 수 있는 감각.

보고 싶은 할머니

챙겨 주신 꽃씨, 정말 고맙습니다.

기차가 흔들거리고 있어요.

졸음이 옵니다. 깜빡깜빡 잠이 들 때마다 저는 꽃 가꾸는 꿈을 꿉니다.

1935년 9월 4일

모두에게 사랑을 담아서, 리디아 그레이스

보고 싶은 엄마, 아빠, 할머니

㉠행복해서 가슴이 터질 것 같아요! 오늘 아침에는 유난히 이 도시가 아름다워 보입니다.

비밀 장소는 언제든지 짐 외삼촌께 보여 드릴 수 있게 만반*의 준비가 되어 있습니다. 오늘이 독립 기념일*이어서 정오*에는 가게를 닫을 거예요. 그런 다음에 외삼촌을 옥상으로 모시고 갈 거예요.

저는 엄마, 아빠, 할머니께서 저에게 가르쳐 주신 아름다움을 다 담아내려고 노력했습니다.

1936년 7월 4일

모두에게 사랑을 담아서, 리디아 그레이스

추신: 벌써 외삼촌 웃는 모습이 그려집니다.

- **만반**(萬 일만 만, 般 옮길 반) 마련할 수 있는 모든 것.
- **독립 기념일** 1776년 7월 4일 미국이 독립 선언문을 채택한 것을 기념하는 날.
- **정오**(正 바를 정, 午 낮 오) 낮 열두 시.

 **구조 읽기** 빈칸에 알맞은 낱말을 써넣으며 내용을 정리해 보세요.

정답 및 해설 38쪽

편지를 쓴 날짜	편지의 내용
1935년 9월 3일	짐 외삼촌에게 자신의 상황과 바라는 점을 씀.
1935년 9월 4일	엄마, 아빠, ❶ ㅎ ㅁ ㄴ 에게 안부를 전함.
1936년 7월 4일	❷ ㅇ ㅅ ㅊ 에게 비밀 장소를 보여 드리려고 준비하고 있음을 엄마, 아빠, 할머니에게 알림.

2 회독 빈칸을 채우지 못했다면 다시 꼼꼼히 읽어요!

1 리디아가 편지를 쓰지 <u>않은</u> 사람을 골라 ○표 하세요.

엄마   아빠   할머니   외숙모   외삼촌

2 리디아와 리디아의 가족에 대한 설명으로 알맞지 <u>않은</u> 것은 무엇인가요?
( )

① 외삼촌은 리디아에게 꽃씨를 챙겨 주셨다.
② 할머니는 리디아를 '리디아 그레이스'라고 부른다.
③ 엄마는 입던 옷으로 리디아에게 옷을 만들어 주셨다.
④ 아빠는 리디아에게 외삼촌의 생김새에 대해 알려 주셨다.
⑤ 리디아는 원예에 대해서는 꽤 알지만, 빵은 만들 줄 모른다.

3 ㉠과 바꾸어 쓸 수 있는 표현으로 알맞지 <u>않은</u> 것은 무엇인가요?
( )

① 기뻐서   ② 신나서   ③ 즐거워서
④ 서운해서   ⑤ 기분이 좋아서

4 다음은 이 편지에 리디아가 쓴 글입니다. 리디아의 감정이 표현된 문장이 <u>아닌</u> 것에 ×표 하세요.

(1) 챙겨 주신 꽃씨, 정말 고맙습니다. (   )

(2) 오늘이 독립 기념일이어서 정오에는 가게를 닫을 거예요.
(   )

(3) 부끄러워서 외삼촌 얼굴을 마주한 채로는 도저히 말씀을 드릴 수가 없어서요. (   )

5 ㉠에서 짐작할 수 있는 내용을 알맞게 말한 것에 ○표 하세요.

(1) 민홍: 엄마는 입던 옷으로 리디아의 옷을 만들어 준 것이 미안하셨나 봐. (   )

(2) 소영: 엄마는 자신이 아끼는 옷으로 리디아의 옷을 만든 것이 아까우셨나 봐. (   )

(3) 진아: 엄마는 자신이 만든 옷이 유행에 뒤떨어진 스타일이라서 부끄러우셨나 봐. (   )

6 외삼촌이 옥상에서 리디아가 가꾼 아름다운 정원을 보았을 때, 리디아에게 했을 말로 어울리는 것에 ○표 하세요.

(1) 멋진 정원이구나! 옥상 정원의 꽃과 화분 가꾸는 일을 네게 맡기길 잘했구나.

(   )

짐 외삼촌

(2) 아름다운 정원이구나. 언제 이렇게 꽃과 화분을 가꾸었는지 대견하구나.

(   )

> 고맙다고 생각했던 사람이나 고마웠던 일을 떠올려 봐요.

7 고마운 사람에게 감정을 나타내는 표현을 넣어 편지글을 써 보세요.

고마운 _____

_____

_____

사랑을 담아서 _____ 올림

19 설명하는 글의 중심 내용

아무리 가지를 뻗어 나가도 나무의 중심은 밑동에 있어. 글에도 중심을 잡아 주는 중심 내용이 있지.

중심 내용

개념 사전

　　설명하는 글에서 가장 중요한 내용을 '중심 내용'이라고 해요. 중심 내용을 알면 글에서 말하려는 내용이 무엇인지 쉽게 파악할 수 있어요.

✦**중심 내용** 글에서 가장 중심이 되는 중요한 내용

✦**설명하는 글의 중심 내용을 찾는 방법**

- 무엇에 대해 말하고 있는지 살펴보기
- 글 전체의 내용을 알아보기
- 글에서 가장 알리고 싶은 내용이 무엇인지 생각하기

확인 문제를 풀어 보며 개념을 익혀요.

1~2 **다음 문장에서 설명하고 있는 것에 ○표 하세요.**

1

> 소와 말, 염소는 풀과 같은 식물을 먹는 초식 동물이에요.

(1) 식물 (   )
(2) 초식 동물 (   )

2

> 물은 온도에 따라 세 가지 상태가 되어요. 물은 온도가 0도 아래로 내려가면 딱딱한 얼음이 되고 온도가 100도 위로 올라가면 수증기가 되어요.

(1) 수증기가 된 물 (   )
(2) 물의 세 가지 상태 (   )

3~4 **다음 글을 읽고, 중심 내용으로 알맞은 것에 ○표 하세요.**

3

> 옛날 사람들은 무더운 여름날이면 부채질을 해서 더위를 식혔습니다. 눈부신 햇빛이 비칠 때는 부채로 얼굴을 가렸고, 가벼운 비를 만날 때는 부채로 비를 피했습니다.

(1) 부채의 종류 (   )
(2) 부채의 쓰임새 (   )

4

> 봄, 여름, 가을, 겨울은 왜 생길까요? 지구가 조금 기울어진 상태로 태양 주변을 돌기 때문이에요. 지구가 태양 주변을 돌 때, 우리나라가 태양과 가까우면 여름, 멀리 있으면 겨울이 되지요.

(1) 사계절이 생기는 까닭 (   )
(2) 사계절이 있는 나라들 (   )

지구를 지키는 이끼

1회독

🔖 설명하는 대상
에 ◯

🔖 문단의 중심 내
용에 〰️

🔖 설명하는 대상
의 특징이 나타난 부
분에 [ ]

맑은 물이 흐르는 계곡의 바위 옆, 초록색 작은 털 같이 생긴 이끼를 본 적 있나요? 이끼는 축축한 곳에서 옹기종기 모여서 살아요. 이끼는 대부분 1~10센티미터 정도로 크기가 작아요. 그런데 지구 **표면**°의 약 6퍼센트 정도를 덮고 있지요. 이끼는 사람이 살기 전부터 오랫동안 지구를 지켜 왔어요. 이끼가 지구를 어떻게 지키는지 함께 알아볼까요?

첫째, 이끼는 지구의 산소 공급기예요. 사람들을 포함한 많은 동물들이 숨 쉴 수 있게 해 주지요. 초록색 이끼는 햇빛을 보며 광합성을 해서 산소를 만들어요. 과학자들에 따르면 이끼가 지구에서 내뿜는 산소의 양이 지구 전체 산소량 중에 30퍼센트나 된다고 해요.

둘째, 이끼는 숲속에 사는 식물과 동물에게 먹을 것을 만들어 주어요. 이끼는 흙을 영양가 있는 **부식토**°로 만들어 주어요. 그래서 숲속의 나무와 풀은 이끼 덕분에 흙에서 영양분을 많이 얻을 수 있어요. 또 이끼는 작은 곤충들과 겨울잠에서 깨어난 곰의 먹이가 되기도 해요.

● **표면**(表 겉 표, 面 낯 면) 사물의 바깥쪽이나 윗부분.

● **부식토**(腐 썩을 부, 植 심을 식, 土 흙 토) 짙은 갈색의 비옥한 흙.

▼ 이끼와 이끼꽃

셋째, 이끼는 산의 흙을 꽉 붙잡아 주는 역할을 해요. 비가 많이 오는 날, 숲속의 흙이 마을로 떠내려올 수 있어요. 하지만 이끼가 있으면 걱정 없어요. 이끼의 헛뿌리가 흙 알갱이들을 꽉 붙잡고 있기 때문이에요. 이끼는 자기 몸무게의 5배나 되는 물을 몸에 가둬 둘 수 있어요. 그래서 산에 비가 많이 와도 흙이 밀려 와르르 무너지는 것을 막아 주어요.

만약 지구에서 이끼가 사라지면 어떻게 될까요? 이끼가 숲속에서 내뿜는 산소가 없어지면, 사람은 물론 지구에 사는 모든 생명이 살기 힘들어질 거예요. 숲속 생물과 나무는 영양분을 얻기 어렵고, 비가 많이 오면 산사태가 나기 쉽겠지요. 우리를 도와주는 이끼들이 잘 살 수 있게 환경 오염을 줄이는 데 힘을 보태야 해요. 초록빛 이끼가 많이 사는 살기 좋은 지구로 함께 만들어요.

구조 읽기 빈칸에 알맞은 낱말을 써넣으며 내용을 정리해 보세요. 정답 및 해설 40쪽

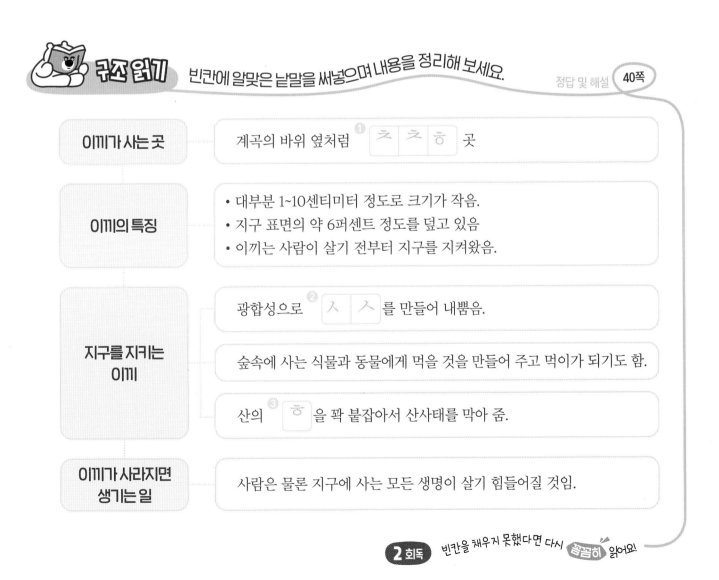

이끼가 사는 곳	계곡의 바위 옆처럼 ❶ ㅊ ㅊ ㅎ 곳
이끼의 특징	• 대부분 1~10센티미터 정도로 크기가 작음. • 지구 표면의 약 6퍼센트 정도를 덮고 있음 • 이끼는 사람이 살기 전부터 지구를 지켜왔음.
지구를 지키는 이끼	광합성으로 ❷ ㅅ ㅅ 를 만들어 내뿜음. 숲속에 사는 식물과 동물에게 먹을 것을 만들어 주고 먹이가 되기도 함. 산의 ❸ ㅎ 을 꽉 붙잡아서 산사태를 막아 줌.
이끼가 사라지면 생기는 일	사람은 물론 지구에 사는 모든 생명이 살기 힘들어질 것임.

2회독 빈칸을 채우지 못했다면 다시 꼼꼼히 읽어요!

1 이 글에서 설명하는 대상은 무엇인가요? (   )

① 숲   ② 지구   ③ 환경   ④ 이끼   ⑤ 고사리

2 글쓴이가 이 글을 쓴 목적을 알맞게 말한 친구의 이름을 쓰세요.

경아   승희   지훈

(   )

3 이 글의 중심 내용으로 알맞은 것에 ○표 하세요.

(1) 이끼가 지구 표면의 많은 부분을 차지한다.   (   )
(2) 환경이 오염되어 이끼가 점점 사라지고 있다.   (   )
(3) 이끼가 우리가 사는 지구를 살기 좋게 만들어 준다.   (   )

4 이 글에서 말한 '이끼'의 역할로 알맞지 <u>않은</u> 것은 무엇인가요?

(   )

① 지구에 산소를 공급해 준다.
② 숲속의 흙을 영양가 있는 부식토로 만든다.
③ 산의 흙을 꽉 붙잡아서 산사태를 막아 준다.
④ 작은 곤충들과 겨울잠에서 깨어난 곰의 먹이가 된다.
⑤ 이불처럼 땅을 덮어 지구가 따뜻해지도록 도움을 준다.

5 이 글을 읽고 '이끼'에 대해 바르게 이해하지 <u>못한</u> 것은 무엇인가요?

(   )

① 이끼가 없는 곳은 환경이 깨끗하다.
② 동물들은 이끼가 있는 곳을 좋아한다.
③ 이끼가 사람보다 먼저 지구에 있었다.
④ 이끼가 많아지면 지구의 산소량이 많아진다.
⑤ 산사태가 자주 나는 곳에는 이끼를 심어야 한다.

6 다음 글을 읽고 '이끼'가 사는 곳에 대해 바르게 짐작한 것에 ○표 하세요.

> 이끼는 깨끗한 곳에서만 살기 때문에 환경이 깨끗한지 아닌지를 알려 주는 생물이다. 어느 곳이 살기 좋은 곳인지 알아보려면, 이끼가 있는지를 살펴보면 된다.

(1) 우리 학교에 있는 연못에 이끼가 모여 있는 것을 보니, 물고기가 살기 어려울 것 같아. (   )

(2) 우리 마을에 있는 계곡에 이끼가 푸르게 덮여 있는 걸 보았어. 동식물이 살기 좋은 환경인가 봐. (   )

> 이 글에서 설명한 이끼의 특징을 떠올려 보세요.

7 이 글을 읽고 '이끼'에 대해 새롭게 알게 된 점 두 가지를 써 보세요.

_____

_____

_____

_____

19. 설명하는 글의 중심 내용 **129**

20 우화와 교훈

거짓말을 많이 해서 큰일을 당한 양치기 소년 이야기를 읽으면 '거짓말을 하지 말아야겠다.'라는 생각을 하게 될 거예요. 우화 속에는 이처럼 우리의 생활에 도움이 될 만한 교훈이 담겨 있답니다.

✦**우화** 동물이나 식물 또는 사물이 주인공이 되어 교훈을 전달하는 이야기

　　예 『이솝 우화』의 「개미와 배짱이」, 「여우와 두루미」, 「양치기 소년」 등

　•'우화'를 읽을 때 내용만 이해하지 말고 우화에서 말하고자 하는 교훈을 찾아야 함.

✦**교훈** 앞으로의 행동이나 상황에 도움이 될 만한 내용

확인 문제를 풀어 보며 개념을 익혀요.

1~2 **다음 괄호 안에 들어갈 알맞은 말에 ◯표 하세요.**

1 우화는 동물이나 식물 또는 사물이 주인공이 되어 (사실 , 교훈)을 전달하는 이야기이다.

2 교훈은 앞으로의 (행동 , 행운)에 도움이 될 만한 내용이다.

3~4 **다음 글을 읽고, 이야기의 교훈으로 알맞은 것에 ◯표 하세요.**

3

> 농부 부부에게는 하루에 하나씩 황금알을 낳는 거위가 있었어요.
> 그런데 어느 날 부부에게 '거위 배를 가르면 황금알을 한꺼번에 많이 얻을 수 있을 텐데.' 하는 욕심이 생겼어요.
> "거위의 배를 갈라서 황금알을 한꺼번에 꺼내자!"
> 부부는 거위의 배를 갈랐어요. 그런데 거위의 뱃속에는 황금알이 한 개도 들어 있지 않았어요. 부부는 거위를 부둥켜안고 후회했지요.

① 지나친 욕심은 일을 망친다. (　　　)
② 동물을 함부로 대하면 안 된다. (　　　)

4

> 수사슴은 늘 자신의 뿔은 아름답지만, 비쩍 마른 다리는 못생겼다고 생각했어요. 그러던 어느 날, 사냥꾼에게 쫓겨 도망치던 수사슴은 뿔이 나뭇가지에 걸려 하마터면 잡힐 뻔했어요.
> '휴, 쓸모없는 뿔 때문에 큰일날 뻔했네. 다리야 고맙다! 네 덕분에 살았다.'

① 아름다움은 마음에서 나온다. (　　　)
② 겉모습의 아름다움만 좇지 말자. (　　　)

당나귀와 개

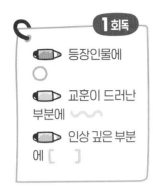

1회독

🖊 등장인물에 ◯

🖊 교훈이 드러난 부분에 〰

🖊 인상 깊은 부분에 [　]

　옛날, 어느 마을에 한 할아버지가 개와 당나귀를 기르며 살았어요. 할아버지는 아침마다 당나귀와 함께 농사일을 나갔어요. 할아버지가 일을 마치고 오면, 개가 꼬리를 흔들며 반갑게 맞이했어요. 할아버지는 개를 안고 집에 들어가서 같이 놀았지요. 개는 한껏 재롱을 부리고, 할아버지의 손과 얼굴을 핥았어요.

　어느 날 당나귀가 개가 할아버지와 노는 모습을 보고 불쑥 화가 났어요. '나는 하루 종일 뙤약볕에서 주인과 밭일을 했어. 그런데 주인의 사랑은 개가 독차지하고, 나는 컴컴한 **마구간**˚에서 혼자 있어야 돼. 이건 **공평**˚하지 않아.'

　당나귀는 마구간을 박차고 나갔어요. 그리고 주인이 있는 집 안으로 훌쩍 뛰어들어갔어요.

　'나도 개처럼 행동해서 주인에게 사랑받을 거야.'

　당나귀는 개처럼 꼬리를 흔들고, 혀로 주인의 손과 발을 핥았어요.

　"어이쿠, 얘가 왜 이래?"

　주인이 펄쩍 뛰며 말했어요.

　"저리 가!"

　당나귀는 개처럼 '멍멍!' 하려고 했지만, '히잉히잉!' 소리가 나왔어요. 주인이 놀라자, 당황한 당나귀는 집 안을 다그닥다그닥 뛰어다녔어요. 당나귀의 머리에 부딪쳐 전등불이 흔들렸어요. 당나귀의 커다란 엉덩이에 부딪쳐 식탁 의자가 꽈당 쓰러졌고요. 주전자에 있던 물은 바닥에 엎질러졌지요. 식탁 위 그릇은 엎어지고 깨졌어요. 개 흉내를 낸 당나귀 때문에 집 안은 엉망이 되어 버렸지요.

　주인 할아버지는 몹시 놀라서 개를 끌어안고 말했어요.

　"아이고, 당나귀가 이상하네! 내일 당장 시장에 가서 팔아야지."

　할아버지는 당나귀를 밧줄로 묶어서 마구간으로 데려갔어요.

　그날 밤, 마구간으로 개가 찾아왔어요.

　"당나귀야, 혹시 나를 흉내 낸 거야?"

● **마구간**(馬 말 마, 廐 마구 구, 間 사이 간) 말을 기르는 곳.

● **공평**(公 공변될 공, 平 평평할 평) 한쪽으로 치우침 없이 고름.

당나귀는 푸르르 한숨을 내쉬었어요. 개는 안타까운 표정을 지으며 말했어요.

"당나귀는 당나귀로서 할 일이 있잖아. 내가 혼자 집을 지킬 동안, 네가 주인 할아버지의 짐을 나르고 농사일을 도운 것처럼 우린 각자의 역할이 있는 거야. 함께 있을 수 있었는데 아쉽다."

당나귀는 **어리둥절한** 채 아무 말도 하지 못했답니다.

● **어리둥절하다** 무슨 일인지 몰라서 얼떨떨하다.

 빈칸에 알맞은 낱말을 써넣으며 내용을 정리해 보세요.

정답 및 해설 42쪽

❶ ㄷㄴㄱ 는 자신이 하루 종일 밭일을 하는 동안 개는 집에서 놀기만 하고 주인의 사랑을 독차지한다고 생각함.

→

불공평하다고 생각한 당나귀가 ❷ ㅁㄱ 을 박차고 나감.

→

당나귀가 ❸ ㄱ 를 흉내 내다가 집 안이 엉망이 됨.

→

할아버지가 이상해진 당나귀를 ❹ ㅅㅈ 에 팔겠다고 말함.

2 회독 빈칸을 채우지 못했다면 다시 꼼꼼히 읽어요!

 **1** 이 이야기에 나오는 등장인물을 모두 써 보세요.

주인 할아버지, [ ][ ][ ] , [ ]

2 당나귀가 불쑥 화가 난 까닭을 찾아 번호를 쓰세요.

> ① 식탁 의자가 꽈당 쓰러지고 그릇이 깨져서
> ② 주인 할아버지가 개한테는 일을 시키고 자기한테만 일을 시키지 않아서
> ③ 자기는 하루 종일 일하고도 마구간에 혼자 있고, 주인의 사랑은 개가 독차지해서

(   )

 **3** 이 이야기에 담긴 교훈을 말한 등장인물에 ○표 하세요.

할아버지	당나귀	개
( )	( )	( )

4 이 이야기의 교훈이 잘 드러나는 제목은 무엇인가요? (   )

① 개와 당나귀와 할아버지
② 동물을 사랑하는 할아버지
③ 개를 흉내 내다 팔려 가게 된 당나귀
④ 개와 당나귀를 공평하게 대하는 방법
⑤ 할아버지에게 사랑받는 법을 아는 개

5 당나귀가 개처럼 행동한 까닭은 무엇인가요? (   )

① 당나귀도 개처럼 행동할 수 있어서

② 밤에 혼자 있는 것이 너무 심심해서

③ 자신을 시장에 내다 팔았으면 좋겠다고 생각해서

④ 개처럼 행동하면 주인에게 사랑받을 거라고 생각해서

⑤ 개보다 더 개처럼 행동할 수 있다는 것을 보여 주려고

6 이 이야기의 당나귀와 **보기**의 당나귀의 공통점을 알맞게 말한 친구의 이름을 쓰세요.

┤ 보기 ├

매미 우는 소리에 반한 당나귀는 매미를 부러워했어요.

"너는 뭘 먹고 살기에 그렇게 노래를 잘하니?"

"이슬을 먹고 살지."

당나귀는 매미를 따라서 이슬만 핥아 먹다가 굶어서 죽게 되었어요.

지연: 두 당나귀는 노래를 잘하고 싶어 했어.

승주: 두 당나귀 모두 남을 부러워해서 따라 한 점이 비슷해.

민교: 이 글의 당나귀는 주인을 핥았고, **보기**의 당나귀는 이슬을 핥았어.

(   )

> 개가 당나귀에게 한 말에서 이 이야기의 교훈을 알 수 있어요.

7 「당나귀와 개」의 교훈을 생각하며 당나귀에게 해 주고 싶은 말을 쓰세요.

당나귀야, _____

_____

_____

📷 사진 출처

국가유산청	www.khs.go.kr
국립중앙박물관	www.museum.go.kr
서울특별시 농업기술센터	agro.seoul.go.kr
셔터스톡	www.shutterstock.com/ko
연합뉴스	www.yna.co.kr
한국민족문화대백과사전	encykorea.aks.ac.kr
한국방송광고진흥공사	www.kobaco.co.kr

달 달 읽 고 곰 곰 생 각 하 는

달곰한 시리즈

NE 능률

어휘 강화!
교과 학습
기본기 강화

독해 강화!
분석력, 통합력,
사고력 강화

달곰한 문해력
기본서
────────

초등교사 100인 추천!
'3회독 학습법'으로
문해력 기본기를 다져요.

달곰한 문해력
초등 어휘
────────

'낱말밭 어휘 학습'으로
각 학년 필수 교과 어휘를
완성해요.

학습의
순환 구조에 따른
어휘력, 독해력
상호 강화!

달곰한 문해력
초등 독해
────────

초등 최초! '주제 연결 독해법' 도입!
하나의 주제로 연결된
2개의 글을 읽어요.

초등 국어 교과에서 뽑은

단계별 개념

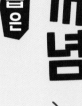

달콤한
문해력
기본서

2022 개정 교육과정에서 배우는
국어 교과 개념 200개를 다루었어요.

1~2학년 추천

초등 1단계

달달 읽고 곰곰 생각하는

단단한 독해력

3회독 학습법

단번에 읽기
꼼꼼히 읽기
주도적 읽기

정답 및 해설

달달 읽고 곰곰 생각하는

달곰한

문해력 기초서

1~2학년 추천

초등 1단계

정답 및 해설

지문을 다시 한 번 꼼꼼하게 읽어 보아요. 자신만의 읽기 방법이 만들어질 거예요.

19

설명하는 글의 중심 내용

나의 읽기 방법은! 글을 읽는 방법에 따라 잘 읽었는지 확인해 보세요

- 설명하는 대상이해
- 문단의 중심내용에 〜
- 설명하는 대상의 특징이 나타난 부분에 [ ]

문해력의 기본은 어휘! 새로운 지문을 만날 때마다 새로운 어휘도 익혀 보세요

★ 새로 알게 된 낱말이나 어려운 문장을 써 보세요.

126-127쪽

3회독
★ 내가 표시한 내용과 다시 답을 비교하며 읽어 보세요.

지구를 지키는 이끼

많은 물이 흐르는 계곡의 바위 옆, 초록색 작은 털 같이 생긴 (이끼)를 본 적 있나요? [이끼는 축축한 곳에서 옹기종기 모여서 살아요. 이끼는 대부분 1~10센티미터 정도로 크기가 작아요. 그런데 지구 표면의 약 6퍼센트 정도를 덮고 있지요. 이끼는 사람이 살기 전부터 오랫동안 지구를 지켜 왔어요. 이끼가 지구를 어떻게 지키는지 함께 알아볼까요.

▲ 이끼가 지구를 어떻게 지키는지 함께 알아보아요.

첫째, 이끼는 지구의 산소 공급기예요. 사람들을 포함한 많은 동물들이 숨을 쉴 수 있게 해 주지요. [초록색 이끼는 햇빛을 보며 광합성을 해서 산소를 만들어요. 과학자들에 따르면 이끼가 지구에서 내뿜는 산소의 양이 지구 전체 산소량 중에 30퍼센트나 된다고 해요.]

▲ 이끼는 광합성으로 산소를 만들어 지구에 많은 양의 산소를 공급해 줘요.

둘째, 이끼는 숲속에 사는 식물과 동물에게 먹을 것을 만들어 주어요. [이끼는 흙을 양분이 있는 부식토로 만들어 주어요. 그래서 숲속의 나무와 풀은 이끼 덕분에 흙에서 영양분을 많이 얻을 수 있어요. 또 이끼는 작은 곤충들과 가을잠에서 깨어난 곰이 먹이가 되기도 해요.]

▲ 이끼는 흙을 영양이 있는 부식토로 만들어 주어 동식물에게 먹을 것을 만들어 주고 먹이가 되기도 해요.

셋째, 이끼는 산의 흙을 꽉 붙잡아 주는 역할을 해요. 비가 많이 오는 날, 숲속의 흙이 마을로 떠내려올 수 있어요. 하지만 이끼가 있으면 걱정 없어요. [이끼의 헛뿌리가 흙 알갱이들을 꽉 붙잡고 있기 때문이에요. 이끼는 자기 몸무게의 5배나 되는 물을 몸에 가둘 수 있어요.] 그래서 산에 비가 많이 와도 흙이 밀려 와르르 무너지는 것을 막아 주어요.

▲ 이끼의 헛뿌리가 흙을 꽉 붙잡고 있고 많은 양의 물을 몸에 가둘 수 있어 홍수나 산사태를 막아 주어요.

넷째, 지구에서 이끼가 사라지면 어떻게 될까요? 이끼가 숲속에서 내뿜는 산소가 없어지면, 사람은 물론 지구에 사는 모든 생명이 살기 힘들어질 거예요. 숲속 생물과 나무는 영양분을 얻기 어렵고, 비가 많이 오면 산사태가 나기 쉽겠지요. 우리를 도와주는 이끼들이 잘 살아 있게 환경 오염 줄이는 데 힘을 보태야 해요. 초록빛 이끼가 많이 사는 살기 좋은 지구로 함께 만들어요.

▲ 지구에 사는 모든 생명이 살기 좋게 이끼가 잘 살 수 있도록 살기 좋은 지구를 만들어요.

누가 함께

1 축축한 2 산소 3 흙

잘 읽었나요?
글의 구조를 파악하며 잘 읽었는지 확인해 보세요

문제 풀이가 아니라 문해력을 향상시키는 가이드입니다.

빠른 정답 확인

128-129쪽

1 ④ 2 승희 3 (3)○ 4 ⑤ 5 ① 6 (2)○
7 예시 답안 참고

문해력이
어떤 과정을 묻는 문제
였는지 확인해 보세요

이해요

설명 대상 파악하기
1 이 글에서 설명하는 대상은 '이끼'이다.

글의 목적 파악하기
2 이 글은 이끼가 지구를 어떻게 지키는지 설명하고 있는 글이다. 설명하는 글을 쓰는 목적은 설명하는 대상에 대해서 알려 주기 위해서이다.

중심 내용 파악하기
3 설명하는 글의 중심 내용은 글 전체를 통해 가장 알리고 싶은 내용이다. 이 글의 1문단에서 이끼가 지구를 어떻게 지키는지 함께 알아보자고 하고, '첫째, 둘째, 셋째'로 나누어 이끼와 이끼의 역할에 대해 설명하고 있다. 따라서 이 글의 중심 내용으로 알맞은 것은 (3)이다.
(1) 이끼가 지구 표면의 약 6퍼센트 정도를 덮고 있다는 내용이 나와 있지만, 이것은 일부의 내용이다.
(2) 이끼가 점점 사라지고 있다는 내용은 이 글에 나와 있지 않다.

중심 내용 파악하기
4 이끼가 지구 표면을 덮고 있는 것은 맞지만 그림으로써 지구가 따뜻해지도록 도움을 준다는 내용은 나와 있지 않다.

글을 바르게 이해하고
생각을 펼치기 위해서
어떻게 글을 읽어야
하는지 알려 주는
도움말

풀어요

내용 추론하기
5 이끼는 많은 물이 흐르는 계곡의 바위 옆에 산다고 했다. 이끼가 많이 사는 곳이 좋은 지구를 함께 만들자고 한 것을 볼 때, 이끼가 없는 곳의 환경이 깨끗하다고 말하는 것은 맞지 않다.
② 이끼는 동물과 사람에게 먹을 것을 만들어 주고, 먹이가 되기도 하므로 동물들은 이끼가 있는 곳을 좋아할 것이다.
③ 이끼는 사람이 살기 전부터 오랫동안 지구를 지켜 왔으므로 사람보다 먼저 지구에 있었다.
④ 이끼는 지구의 산소 공급기라고 할 만큼 많은 양의 산소를 지구에 공급해 준다고 했으므로 이끼가 많아지면 지구의 산소량이 많아진다.
⑤ 이끼는 산의 홍수를 막을 뿐만이 주어 산사태를 막아 주는 역할을 한다.

내용 추론하기
6 이끼는 환경이 깨끗하고 살기 좋은 곳에서 산다고 했다. 따라서 이끼가 많이 사는 곳은 동식물이 살기 좋은 환경이라고 볼 수 있다.
이 이끼가 모여 있는 곳은 깨끗한 곳이므로 물고기가 살기 좋은 환경이라고 볼 수 있다.
(1) 이끼는 환경이 깨끗하고 살기 좋은 곳에서 산다고 했다. 따라서 이끼가 많이

글을 읽고 문제를
풀면서 어떤 정답을 잘못
짚었는지 알려 주는
도움말

생각을 넓혀요

7 예시 답안
이끼가 사람이 살기 전부터 지구를 지켜 왔다는 것과 이끼가 신의 홍수 막을 방지해 준다는 신사태를 막아 주는 것을 새롭게 알았다.

자신의 생각과 비교해
볼 수 있고 생각을
확장시킬 수 있는
예시 답안

☺ 이끼에 대해 새롭게 알게 된 점 두 가지를 정확하게 썼습니다.
😐 이끼에 대해 새롭게 알게 된 점을 한 가지만 썼습니다.
☹ 이끼에 대해 새롭게 알게 된 점을 한 가지도 쓰지 못했습니다.

어떤 기준으로 생각을
펼쳐 글을 쓰는 것이
좋은지 알려 주는
채점 기준

01 소리 내어 읽기

3회독

★ 내가 표시한 내용과 예시 답을 비교하며 읽어 보세요.

중요한 낱말에 ○
반복되는 말에 ～
말을 건네듯이 표현한 부분에 [ ]

가 달팽이

1연

프라이팬에

탁탁
반복되는 말을 넣으면 느낌이 더 생생하고 재미있었음.

지글지글

달님이 떴네
노른자를 달님에 빗대어 표현한 것

[노른자야! 깨지지 마!]
달님처럼 노랗고 둥근 노른자가 깨지지 않길 바라는 마음을 노른자에게 읽는듯이 표현하였음.

달님이 부서지니까!

1연

프라이팬에 달걀을 탁탁 깨어 넣으니 지글지글 소리와 함께 익는 달걀노른자가 달님처럼 보인다. 달님같이 둥글고 노란빛을 가진 노른자가 깨지지 않았으면 좋겠다.

나 구리구리 너러리 반점

1연

딩동딩동

[자장면 왔어요!]
자장면이 배달 온 상황을 알리듯이 표현하였음

2연

구리구리 후루룩 구루룩

구리구리 호로록 고로록

젓가락이 들락날락

맛있어서 듬썩듬썩

얌얌 얌가에

(너구리수염) 얌얌
얌가에 묻은 자장면 양념을 표현한 것

1연

딩동딩동 초인종 소리와 함께 기다리던 자장면이 배달 왔다.

2연

후루룩, 호로록 소리를 내며, 젓가락질을 부지런히 해 가며 자장면을 먹는다. 맛있어서 기분이 좋아 듬썩듬썩. 얌가에 묻은 까만색 자장면 양념이 꼭 너구리 수염 같아서 얌깔 웃었다.

★ 새로 알게 된 낱말이나 어려운 낱말을 써 보세요.

구조 읽기

1 달걀노른자 2 달님 3 자장면 4 수염

14~15쪽

1 달님 2 ② 3 ⑤ 4 (1)○ 5 ⑤ 6 세로
7 예시 답안 참고

 이해 핵심 확인

표현 파악하기

1 시 **가**에서 말하는 이는 프라이팬에 달걀을 탁탁 깨어 넣어 달걀프라이를
만들면서 '지글지글 달님이 떴네'라고 말하고 있다. 둥글고 노란 노른자를
달님으로 표현한 것이다.

세부 내용 파악하기

2 시 **나**에서 말하는 이는 자장면을 먹으며 입가에 묻은 자장 양념이 꼭 너구
리 수염 같아 보여서 깔깔 웃고 있다.

인물의 마음 따라이며 읽기

3 시 **가**에서 말하는 이는 달걀프라이를 만들다가 달님 같은 노른자가 깨질까
봐 안타까워하며 '노른자야!' 하고 부르고 '깨지지 마!'라고 말하고 있다.

어울리는 목소리 찾기

4 시 **나**에도 말하는 이가 자장면을 먹으면서 맛있어서 몸을 들썩들썩 움직이
며 즐거워하는 모습이 나타나 있다.

이유 추론하기

5 시 **가**에서 '노른자야! 깨지지 마!'라고 하고 나서 마지막 행 '달님이 부서지
니까!'라고 말한 것에서 알 수 있다.

의미 추론하기

6 시 **나**의 마지막 행 '너구리수염 짱깡'을 보면, 자장면을 먹을 때 입가에 묻
은 자장 양념이 꼭 너구리 수염 같아 보여서 제목을 '구리구리 너구리 반점'
이라고 지은 것을 알 수 있다.

 씀씀한 표현력

7 예시 답안

• 음식 이름: 소시지
• 하고 싶은 말: 냠냠! 꿀꺽! 소시지야!
 너는 변신을 잘하지!
 문어도 됐다가, 애벌레도 됐다가.
 오늘은 문어 모양으로 변신한 너를 먹고
 바닷속을 여행하는 문어 꿈을 꾸어 볼게.
 오물오물! 꿀꺽!

😄	음식 소재를 골라 대상에게 맘을 건네듯이 시로 썼습니다.
🙂	음식 소재를 골라 시를 썼으나, 대상에게 맘을 건네듯이 표현하지 못했습니다.
🙁	음식 소재를 골라 시를 쓰지 못했습니다.

1단계 • 정답 및 해설 **5**

02

발침 있는 글자와 발침 없는 글자

🖊 좋은한 낱말에 ○

🖊 좋은한 문장에 ﹏

3회독 ★ 내가 표시한 내용과 예시 답을 비교하며 읽어 보세요.

옛날, 아주 먼 옛날

옛날, 아주 먼 옛날, 그러니까 할머니의 할머니의 할머니의 할머니의 할머니의 아버지의 할머니의 아버지의 아버지의 아버지의 할머니의 아머니의 할머니의 아버지의 아버지의 아머니의 아버지의 할머니의 아버지의 아버니의 할머니의 아버지의 할머니의 할머니 ……보다 더 오래된 때였어요.

▲ 아주 먼 옛날 오래된 때였어요

그때는 세상이 지금과 꽤 달랐어요. 아파트도 없고 자동차도 없었죠. 사람들은 아직 전기를 만들 줄 몰랐어요. 먼 데까지 소리를 보낼 줄도 몰랐죠. 텔레비전이나 스마트폰도 없었어요. 하교도, 유치원도 없었고요.

▲ 옛날에는 세상이 지금과 꽤 달라, 지금은 있는 것들이 없었어요

그때도 사람들은 무척 씩씩했어요. 힘도 세고, 달리기도 잘했지요. 다 같이 힘을 모아 사슴도 잡고, 곰도 잡았어요. 커다란 고래까지 잡았답니다.

▲ 옛날 사람들은 씩씩했고, 힘도 세고, 달리기도 잘했고, 다 같이 힘을 모아 짐승을 잡았어요

특히 돌을 다루는 솜씨가 뛰어났어요. 사람들은 돌을 깨거나 갈아서 여러 가지 도구를 만들었어요. 돌도끼로 사냥도 하고, 돌칼로 고기도 잘랐지요. 이때를 '석기 시대'라고 합니다. 돌로 도구를 만들어 쓰던 때라는 뜻이에요.

▲ 옛날 사람들은 돌을 잘 다루어 돌로 도구를 만들어 썼는데, 이때를 '석기 시대'라고 해요

사람들은 점점 지혜로워졌어요. 동물 가죽으로 옷을 지었고 흙으로 그릇을 빛었어요. 동굴 벽에 멋진 그림도 그렸죠. 짐승 동굴에서 나와 집을 짓고 살게 되었고, 농사도 짓고 가축도 길렀어요.

▲ 사람들은 점점 지혜로워져 동굴을 나와 집을 짓고 살게 되었고

그러던 어느 날, 땅속에서 신기한 쇠붙이를 발견했어요. 구리와 주석이 었지요. 사람들은 구리와 주석을 뜨거운 불로 녹였어요. 그런 다음 거푸집에 부어서 차갑게 식히면 짠! 거푸집의 모양에 따라 칼도 되고 거울도 되었어요.

▲ 사람들은 구리와 주석을 발견했고, 구리와 주석을 불로 녹여 거푸집에 부어 다양한 도구를 만들었어요

이렇게 구리와 주석을 섞어 만든 도구를 청동기라고 해요. 청동으로 만든 도구라는 뜻이에요. 이때를 '청동기 시대'라고 합니다.

▲ 구리와 주석을 섞어 만든 도구를 청동기라고 하고, 청동으로 도구를 만들어 쓴 이때를 '청동기 시대'라고 해요

1 도구   2 농사   3 청동기 시대

1 (1)② (2)① **2** ③→①→②→④ **3** △, ○, △, ○
4 (1)말 (2)갓 **5** 사슴 **6** 리안 **7** 예시 답안 참고

세부 내용 파악하기

1 사람들은 여러 가지 도구를 만들어 쓰게 되었다. 돌로 도구를 만들어 쓰던 때를 '석기 시대'라고 하고, 구리와 주석을 섞어 만든 청동으로 도구를 만들어 쓰던 때를 '청동기 시대'라고 한다.

일어난 일의 순서 파악하기

2 돌을 깨거나 깎아서 여러 가지 도구를 만들어 쓰던 사람들이 점점 지혜로워져 농사를 짓고 가축도 기르기 시작했다. 그러던 어느 날, 땅속에서 신기한 쇠붙이인 구리와 주석을 발견했고, 이것을 뜨거운 불로 녹여서 도구를 만들 수도 있게 되었다.

받침 있는 글자와 받침 없는 글자 구분하기

3 받침이 없는 글자는 자음자+모음자, 받침이 있는 글자는 자음자+모음자+자음자로 이루어져 있다. '아파트', '그래트', '그래'는 받침이 없는 글자이고, '동굴', '청동', 'ㅇ', 'ㄹ'은 '그'과 같은 받침이 있는 글자이다.

낱말에 쓰인 받침 찾기

4 '돌'과 같은 받침 'ㄹ'이 쓰인 낱말은 '말'이고, '뜻'과 같은 받침 'ㅅ'이 쓰인 낱말은 '갓'이다.

내용 추론하기

5 사람들이 도구를 사용하고 다 같이 힘을 모아서 동물들을 잡았다는 내용이 이 글에 담겨 있다. 그러므로 사람들이 동물들을 어떻게 잡았는지 알맞게 말한 동물은 '사슴'이다.

내용 추론하기

6 석기 시대에는 돌을 깨거나 깎아서 여러 가지 도구를 만들었고, 청동기 시대에는 구리와 주석을 뜨거운 불로 녹인 다음 거푸집에 부어서 식히는 방법으로 도구를 만들어 썼다. 시간이 지나면서 도구를 만드는 재료와 방법이 달라졌다는 것을 알 수 있다.

지수: 옛날에는 아파트도 자동차도 없고, 전기를 만들 줄 몰랐고, 먼 데까지 소리를 보낼 줄도 몰랐다. 또 텔레비전이나 스마트폰도 없었다는 내용이 나와 있다. 오늘날은 옛날보다 사용하는 도구가 훨씬 많아졌다.

수호: 돌을 깨거나 깎아서 도구를 만들었고, 불에 녹인 다음 거푸집에 부어 다양한 모양의 도구를 만들 수 있었던 것은 구리와 주석이다.

7 예시 답안

(1) 지우개 (2) 냉장고

	옛날에는 없었을 것 같은 물건을 옛날과 받침이 없는 낱말과 받침이 있는 낱말 두 가지 모두 알맞게 썼습니다.
🙂	옛날에는 없었을 것 같은 것을 한 가지만 알맞게 썼습니다.
	옛날에는 없었을 것 같은 것을 두 가지를 모두 쓰지 못했습니다.

03 낱말과 문장

- 중요한 낱말에 ○
- 글쓴이가 하고 싶은 말에 [ ]

3회독 ★ 내 표현으로 교과서 내용 정리하며 읽어 보세요.

빵을 떨어뜨릴 때 일어나는 일

곰돌이는 식빵에 딸기잼을 발라서 맛있게 먹으려고 했어요. 그런데 식탁 위에 놓아둔 식빵이 철푸덕 하고 바닥으로 떨어졌어요. 그것도 하필 딸기잼 바른 쪽으로요. 바닥에는 끈적한 딸기잼이 묻었어요.

"또 이러네? 어제도 이랬는데 난 (운)이 나빠."

나쁜 일이 일어나는 까닭에 대한 생각

▲ 식빵을 바닥에 떨어뜨린 곰돌이가 운이 나쁘다고 속상해했어요.

곰돌이는 울상을 지으며 더러워진 식빵을 듣고 털썩 주저앉았어요. 그때 꼬마 과학자 단우가 곰돌이에게 말했어요.

"곰돌아, 그건 운이 나쁜 게 아니야."

"어째서?"

"너만 그런 게 아니거든. 식빵은 잼 바른 쪽이 바닥으로 떨어지는 일이 더 많아."

"왜 그런 거지? 궁금한걸."

단우는 곰돌이에게 잼 바른 식빵 실험을 했던 과학자의 이야기를 들려주었어요.

▲ 단우가 곰돌이에게 식빵이 잼 바른 쪽으로 떨어진 건 운이 나빠서가 아니라 까닭이 있다고 말했어요.

"영국의 수학자이자 과학자인 로버트 매튜스는 식빵이 잼 바른 쪽으로 바닥에 떨어지는 게 우연이 아닐 거라고 생각했대. 그래서 잼 바른 식빵을 떨어뜨리는 실험을 9,821번이나 했어!"

"그래서 어떻게 됐는데?"

단우는 곰돌이에게 결과를 찾아서 곰돌이에게 보여 주었어요.

"잼 바른 쪽으로 6,101번, 다른 쪽으로 3,720번 떨어졌대."

"그러면 잼을 바른 쪽으로 떨어진 게 더 많은 거네!"

"과학자 매튜스는 그 까닭도 알아냈어. 잼 바른 쪽이 좀 더 무거워서 그랬대. 그리고 식탁의 높이와 잼이 떨어질 때 움직이는 모습도 관찰했어. 식빵은 한 바퀴가 아니라 반 바퀴 정도 돌아서 잼이 바른 쪽으로 떨어지는 경우가 더 많았대. 그러니까, 곰돌이 네 식빵이 매번 잼 바른 쪽으로 바닥에 떨어진 것은 네가 운이 나빠서가 아니라, 잼을 바른 쪽으로 떨어지기가 더 쉽기 때문이야."

▲ 단우가 과학자 매튜스가 알아낸 식빵이 떨어질 때 잼을 바른 쪽으로 바닥에 떨어지는 까닭을 곰돌이에게 설명해 주었어요.

여러분도 곰돌이처럼 좋지 않은 일이 떨어졌을 때, 운이 나쁘다고 생각한 적 있나요? 곰돌이의 잼 바른 식빵처럼 정말 운이 나빠서가 아니라 다른 까닭이 있을 수 있어요. 로버트 매튜스는 나쁜 일이 생기면 속상해하기보다는 왜 그럴까 하고 생각해 봤다고 해요. [우리도 나쁜 일이 떨어졌을 때 운이 나쁘다며 속상해하기만 말고 과학자의 눈 으로 생각해 봐요.]

글쓴이가 하고 싶은 말

▲ 우리도 나쁜 일이 떨어졌을 때 운이 나쁘다고 생각하지 말고, 과학자의 눈으로 생각 해 봐요.

★ 새로 알게 된 낱말이나 어려운 낱말을 써 보세요.

_____

_____

_____

  구조읽기

1 운 2 식빵 3 잼 4 과학자

26-27쪽

1 운 **2** (1)○ **3** (1) 식빵 (2) 곰돌이 (3) 들러주었다 **4** ⑤
5 ⑤ **6** 서준 **7** 예시 답안 참고

세부 내용 파악하기

1 식빵이 하필 잼 바른 쪽으로 바닥에 떨어지자 곰돌이는 자신이 운이 나쁘
다고 생각하고 속상해했다.

세부 내용 파악하기

2 왜 식빵은 꼭 잼 바른 쪽으로 바닥에 떨어지는지 궁금했던 로버트 매튜는
수많은 실험을 통해 그 까닭을 알아냈다. 그것은 잼을 바른 쪽이 좀 더 무
거운 식빵을 떨어뜨릴 경우 반 바퀴 정도 돌아서 떨어져서 식빵이 잼 바른
쪽으로 바닥에 떨어지기가 더 쉽기 때문이다.

문장 만들기

3 빈칸에 낱말을 채우며 문장이 어떻게 이루어져 있는지 알 수 있다. (1)에는
무엇을 먹자고 하는지가 빠져 있으므로 '식빵'이 들어가는 것이 알맞고, (2)
에는 누가 생각했느냐가 빠져 있으므로 '곰돌이'가 들어가는 것이 알맞다.
그리고 (3)에는 무엇을 했다는 것인지가 빠져 있으므로 '들려주었다'가 들
어가는 것이 알맞다.

문장 이해하기

4 문장이 되려면 낱말만 나열하면 안 되고 전달하고자 하는 생각이나 마음이
완성된 내용으로 나타나야 한다. 문장의 끝에는 마침표, 느낌표, 물음표 같
은 문장 부호가 들어간다. 따라서 바르게 비른게 문장으로 말한 친구는 나영이다.

이유 추론하기

5 수하자이자 과학자인 로버트 매튜는 식빵이 잼 바른 쪽으로 바닥에 떨어지
는 게 우연이 아닐 거라고 생각하고 잼 바른 식빵을 떨어뜨리는 실험을 했
다. 그리고 그 까닭을 알아냈다.

생각 추론하기

6 서준이는 로버트 매튜와 같이 좋지 않은 일이 생기는 것을 운이 나빠서라
고 여기지 않고 거기에는 까닭이 있을 거라고 생각하였다.
다슬이는 로버트 매튜와 달리 나쁜 일이 생기는 까닭이 운이 나빠서라고 생각하였다. 이는
로버트 매튜와 비슷한 것이 아니라 곰돌이와 비슷하다고 볼 수 있다.

7 예시 답안

나는 밥을 맛있게 먹었다. 곰돌이는 화가 났다. 식빵은 잼을 발라야 맛있다.

:D	보기에서 낱말을 골라 문장을 알맞게 썼습니다.
:)	보기에서 낱말을 골랐으나, 문장을 이루지 못했습니다.
:(	보기에서 낱말을 고르지 못했고, 문장도 알맞게 쓰지 못했습니다.

04 설명하는 대상

3회독 ★ 내가 표시한 내용과 예시 답을 교과마다 읽어 보세요.

신기한 바다 생물

지구의 많은 부분을 차지하는 바다! 바다에는 다양한 생물이 살고 있어요. 바위 밑에는 불가사리와 거북손, 물속에는 바닷물고기와 바다거북, 물가에는 바다표범들이 살고 있지요. 이 외에 또 어떤 신기한 (바다 생물)들이 살고 있는지 살펴볼까요?

▲ 바다에는 신기한 생물들이 많이 살고 있어요

먼저 앞발을 잘 쓰는 바다 생물 (해달)을 소개합니다. 해달은 앞발로 조개 같은 것을 들고 배 위에 올려놓고 조개를 탁탁 깨서 냠냠 먹어요. 해달은 주로 누워서 헤엄을 쳐요. 물에 뜬 채 잠을 잘 정도로 수영을 잘하고, 잠수에도 능숙하지요. 그런데 물에 떠서 자다가 파도에 휩쓸려 떠내려가면 큰일이지요? 그래서 해달은 미역 같은 해조류로 몸을 묶어 놓고, 둥실둥실 떠서 잠을 자기도 해요.

▲ 해달은 앞발을 잘 쓰고 누워서 헤엄을 쳐요.

다음은 바다를 수영하는 새 (펭귄)입니다. 펭귄은 날개가 있지만 다른 새들처럼 날지 않고 바다에서 수영하는 것을 선택했어요. 왜 그랬을까요?

과학자들은 펭귄이 좋아하는 먹이가 바닷속에 많기 때문이라고 짐작해요. 펭귄은 새우, 오징어, 물고기를 좋아하거든요. 그렇다면 펭귄의 날개는 쓸모가 없을까요? 아니에요. 펭귄의 날개는 바닷속에서 지느러미처럼 움직여요. 펭귄은 물속 170~200미터 깊이까지 잠수하고, 최대 26킬로미터의 거리를 헤엄쳐서 잠수할 수 있어요. 물고기들이 친구할 만하지요?

▲ 펭귄은 날개로 바닷속에서 헤엄을 쳐요.

색은 주황색이고 모양은 울퉁불퉁한 바다속 변신 대장은 누구일까요?

바로 (멍게)예요. 몸길이는 5~15센티미터이고 조그만 파인애플콩같이 생긴 멍게는 처음 앞에서 나올 때는 이런 생김새가 아니에요. 울퉁이나 물고기처럼 꼬리가 있고, 물속을 요리조리 헤엄치고 다니지요. 그러다가 3일째가 되면 머리 부분을 바위에 찰싹 붙여요. 그때부터 멍게는 마지 식물이 뿌리를 내리듯이 거기에 평생 붙어서 살아요. 울퉁불퉁한 죽에 난 임수 구멍으로 물과 함께 플랑크톤을 빨아들이고, 바위에 붙는 중수 구멍으로 물을 내뿜으면서 숨을 쉬어요. 멍게는 10월 중순부터 알을 낳는데, 하루에 12,000개나 낳는답니다. 그 알이 자라면 다시 자그마한 울퉁이 같은 모습이 되어 바다를 떠다녀요.

▲ 멍게는 바닷속 대장으로 알에서 나왔을 때와 자랐을 때의 모습이 달라요.

바다 생물들은 생김새도, 살아가는 방법도 놀라워요. 갯벌이나 바다에 가면, 누가 살고 있는지 꼭 들여다보세요. 그리고 이렇게 소중하고 신기한 바다 생물들과 오래 함께 살 수 있게, 바다 환경을 보호해 주세요.

▲ 신기한 바다 생물들과 오래 함께 살 수 있게 바다 환경을 보호해 주어야 해요.

★ 새로 알게 된 낱말이나 어려운 낱말을 써 보세요.

설명 대상 ○
중요한 문장에 ~

정답 확인

1 해달 2 펭귄 3 멍게 4 환경

32-33쪽

1 바다 생물　**2** 범희　**3** (3) ×　**4** 해달　**5** ⑤
6 예시 답안 참고

중심 글감 파악하기

1 이 글의 앞부분에서 바다에 많은 생물이 살고 있다고 말하고, 어떤 신기한 바다 생물들이 살고 있는지 살펴보자고 하며, 이어서 여러 바다 생물들에 대해 하나하나 설명하고 있다.

내용 파악하기

2 각 문단의 앞부분에 설명 대상의 주요 특징이 나타나 있다. 알쏭을 잘 쓰는 바다 생물은 해답이고, 날개가 있지만 날지 않고 바다에서 수영하는 바닷새는 펭귄, 새은 주황색이고 모양은 울퉁불퉁한 바닷속 변신 대장은 명게이다. 알맞게 설명한 친구는 범희이다.

설명 대상 파악하기

3 이 글에서는 (4) 해답, (1) 펭귄, (2) 명게는 설명하고 있지만 (3) 문어는 설명하고 있지 않다.

설명 대상 파악하기

4 바닷물에 떠 제로 잠을 자고, 파도에 휩쓸려 떠내려가지 않도록 미역 같은 해조류로 몸을 감는 바다 생물은 '해달'이다.

내용 정리하기

5 이 글을 읽고 명게에 대해 정리한 내용에는 명게가 알 낳는 때는 나타나 있지 않다. 이 글에서 명게는 10월 중순부터 알을 낳는다고 하였다.

① 색깔은 빨간색이나 주황색인데 곱부분이 더 진한 색이라고 하였다.
② 생김새는 파인애플처럼 울퉁불퉁하게 생겼다고 하였다.
③ 몸길이는 5~15센티미터로 내 주먹보다 조금 크다고 하였다.
④ 사는 방법은 식물처럼 바위에 붙어 달라붙어서 산다고 하였다.

6 예시 답안

내 책상 위에는 내가 직접 만든 필통이 있다. 이것의 모양은 길쭉한 사각형인데, 길이는 연필과 색연필이 여유 있게 들어갈 정도이고, 여러 색종이를 붙여 알록달록하다. 이것의 쓰임새는 다양하다. 필기구와 헨드크림을 넣기도 하고 기억할 일을 적은 메모지를 안쪽에 붙여 두고 보기도 한다.

😄	책상 위 물건 중 하나를 골라, 설명 대상의 모양과 쓰임새를 구체적으로 설명하였습니다.
🙂	책상 위 물건 중 하나를 골라, 설명 대상의 모양과 쓰임새 중 하나에 대해서만 설명하였습니다.
☹️	책상 위 물건 중 하나를 골랐지만 설명 대상의 모양과 쓰임새를 설명하지 못했습니다.

05

독해 인물을 쓰고

★ 내가 표시한 내용과 예시 답을 비교하며 읽어 보세요.

이모를 따라 요가 배운 날

빨래비누처럼 보니 이모가 내게 발을 쪽 편 상태에서 허리를 굽혀 손으로 발끝을 잡을 수 있느냐 물었다. 나는 손을 쪽 뻗어 보았다. 손이 무릎까지밖에 닿지 않았다.

"운동하는 유연성이 없네! (요가)하면 몸이 쭉쭉 펴져서 키도 큰다!"
— 경험한 것

이모는 이렇게 말한 뒤 나를 체육관으로 데리고 갔다.

▲ 이모가 유연성이 없는 나(동하)를 데리고 체육관으로 갔다.

체육관에서 방송 댄스를 배우고 나오는 수빈이와 하진이를 만났다.

"야? 동하야, 너 요가 해? 우리도 한번 같이 가 볼래."

수빈이와 하진이가 이온 음료를 홀짝이며 말했다.

수업이 시작되자 요가 선생님이 들어오셔서 자세를 가르쳐 주셨다. 나
— 요가 수업을 받음
는 말랑한 요가 매트에 앉아서 선생님의 동작을 따라 했지만 잘 안 됐다.

이모는 "끙" 하고 힘주는 소리를 내거나 "후" 하고 한숨을 내쉬었다.

[이모도 나처럼 서툴기는 마찬가지였다.]
— 이모도 요가가 서툴다는 느낌

▲ 체육관에서 수빈이와 하진이를 만나 함께 요가 수업에 들어갔고, '나'는 요가 자세를
배우며 이모도 나처럼 서툴다고 생각했다.

[요가에는 동물 이름을 딴 자세가 많아서 신기했다.] (전상)
— 동물 이름을 딴 요가 자세가 많아서 신기함
자세는 개들이 기지개를 켜는 것처럼, 영덩이를 치켜드는 자세였다.
— 동물 이름을 딴 요가 자세
넉넉히 두고 폭 꾸는 자세였다. (고양이 자세)는 두 손과 두 무릎을 각각 어
— 동물 이름을 딴 요가 자세
깨너비만큼 벌린 뒤, 머리를 숙이고 허리를 천장 쪽으로 둥글게 올리
는 자세였다. (코브라 자세)는 피리를 불며 나오는 코브라 뱀처럼, 엎드린
— 동물 이름을 딴 요가 자세
상태에서 윗몸만 일으키는 자세였다. 코브라 자세를 따라 하다 가울을 보
니 수빈이와 하진이도 열심히 코브라 자세를 하고 있었다. 그 모습을 보니

나도 모르게 웃음이 나왔다.

▲ 동물 이름을 딴 요가 자세가 많아서 신기했다. 코브라 자세를 배우다가
수빈이와 하진이가 따라 하는 모습을 보고 웃음이 나왔다.

요가 자세 중에는 (아기 자세)도 있었다. 엄마 뱃속에 있는 아기처럼 몸
— 동하가 쉽다고 생각한 요가자세
을 웅크리고 있는 자세였다. ['이게 무슨 운동이 되나?' 나한테는 아기 자
— 나는 아기 자세가 너무 쉬워서 운동이 안 될 것 같다고 느낌
세가 가장 쉬웠다.] 요가 선생님은 마지막으로 "사바아사나, 시체 자세."
라고 말했다.

"눈을 감고 온몸이 힘을 빼세요. 내 몸이 요가 매트 속으로 녹아들어 갑
니다."

땀이 식고, 머릿속을 맴돌던 생각들이 가라앉았다. [요가 선생님이 이
제 일어나라고 하셨을 때는 마음이 차분해져 있었다.]
— 요가를 마치고 마음이 차분해짐

▲ 아기 자세가 '나'에게 가장 쉬웠고, 요가를 마치고 나니 마음이 차분해졌다.

요가를 마치고 이모가 나와 친구들에게 떡볶이를 사 주셨다. 역시나 떡
— 친구들과 함께 이모가 사 주신 떡볶이를 먹음
볶이는 맛있었다. 나와 친구들은 앞으로 화요일, 목요일 저녁마다 요가를
하기로 했다. 오늘 밤 자기 전에 이부자리에서 요가 자세를 연습해 봐야겠
다.

▲ 이모가 나와 친구들에게 떡볶이를 사 주셔서 맛있게 먹었다. 앞으로 요가 수업을 받
기로 했다.

주제 찾기

1 요가 2 동물 3 아기 4 차분

38~39쪽

1 (1) → (3) → (2)   2 (1)② (2)③ (3)①   3 (2)×   4 (3)○
5 ①, ②   6 동훈   7 예시 답안 참고

일어난 일의 순서 파악하기

1 텔레비전을 보던 이모가 동하에게 발을 쭉 편 상태에서 허리를 굽혀 손으로 발끝을 잡을 수 있는지 물었고, 동하는 해 보았지만 손이 무릎까지밖에 닿지 않았다(첫 번째 그림). ↑ 이모와 체육관에 간 동하는 이모와 함께 요가를 배우며 동작을 따라 했다(세 번째 그림). ↑ 요가를 마치고 이모가 동하와 친구들에게 떡볶이를 사 주셔서 맛있게 먹었다(두 번째 그림).

세부 내용 파악하기

2 견상 자세는 개들이 기지개를 켜는 것처럼, 엉덩이를 치켜든 제 손과 발을 바닥에 두고 쭉 펴는 자세이고, 아기 자세는 엄마 뱃속에 있는 아기처럼 몸을 웅크리고 있는 자세이다. 코브라 자세는 코브라 피리를 불면 나오는 코브라 뱀처럼, 엎드린 상태에서 윗몸만 일으키는 자세이다.

글은 일 파악하기

3 이모와 함께 체육관에 갔다가 방송 댄스를 마치고 나오는 수비이와 하진이를 만나 함께 요가 수업에 들어갔다. 동하가 배운 것은 방송 댄스가 아니라 요가 수업이다.

생각하거나 느낀 점 파악하기

4 동하가 요가 수업을 받던 중에 거울을 보니 수비이와 하진이도 열심히 코브라 자세를 하고 있었고, 이 모습에 동하는 웃음이 나왔다고 하였다.
(1) 요가 자세 중에는 아기 자세도 있었는데, 동하한테는 가장 수월다고 했다.
(2) 요가 자세를 따라 하는 이모든 힘드는 소리를 내거나 한숨을 내쉬었는데, 동하는 이모도 자신처럼 요가가 서툴기는 마찬가지라고 생각했다.

내용 추론하기

5 유연성이 없는 동하를 위해 이모가 요가 수업에 데려갔다는 점에서 요가를 하면 몸이 유연해진다는 것을 알 수 있다. 또 요가 수업을 받고 나서 동하는 마음이 차분해진 것을 느꼈다고 하였으므로, 마음이 차분해진다는 것을 알 수 있다.

내용 감상하기

6 요가에 동물 이름을 딴 자세가 많다는 것을 통해 동물들이 사람을 흉내 낸 다는 것은 알 수 없다.

7 예시 답안

• 경은 일: 태권도 대련
• 알게 된 점: 나와 시합하는 그 친구도 나처럼 떨리기는 마찬가지다. 대련을 할 때는 상대방의 눈을 보고 생각을 하면서 해야 한다.
• 느낀 점: 대련을 무서워했었지만 막상 해 보니 무섭지 않았다.

😄	운동을 해 본 경험에 대해 알게 된 점과 느낀 점을 구분하여 알맞게 썼습니다.
🙂	운동을 해 본 경험에 대해 알게 된 점이나 느낀 점 중 하나만 알맞게 썼습니다.
🙁	운동을 해 본 경험에 대해 알게 된 점과 느낀 점을 구분하여 쓰지 못했습니다.

06

시의 재미있는 부분

3회독 ★ 내가 표시한 내용과 예시 답을 비교하며 읽어 보세요.

시의 글감에 ⭕
표현이 재미있는 부분에 〰️
기억에 남는 부분 에 [ ]

가 개미 미술관

1연

[개미 미술관]에 갈 땐
시의 글감
돋보기를 가져가야 해
왜 개미 미술관에 갈 때 돋보기를 가져가야 하는지 궁금함.
개미 미술관 그림은
개미만큼 작아서 잘 안 보이거든!

1연

개미 미술관 그림은 개미가 그린 것이라 개미만큼 작아서 잘 안 보이니까, 개미 미술관에 갈 때는 돋보기를 가져가야 한다.

★ 새로 알게 된 낱말이니
어려운 낱말을 답글을 써 보세요.

_____
_____
_____
_____

나 우리나라 참새들

1연

[참새]들이 나뭇가지에 앉아
시의 글감
'짹짹가'를 부르고 있다

2연

짹짹짹짹 짹 짹짹짹짹
참새들이 내는 소리를 흉내 내어 실감 나게 표현한 것이 재미있음
짹짹짹 짹짹짹짹

3연

[우리나라 참새들
'짹짹가' 모르는 참새 없다

4연

'짹짹가' 모르면
우리나라 참새 아니다]
우리나라에서 참새 울음소리를 짹짹 으로 나타내는 것을 우리나라 참새들은 모두 짹짹가를 안다고 표현한 것이 재미있음

1,2연

참새들이 나뭇가지에 앉아 짹짹거리며 짹짹가를 부른다.

3,4연

우리나라 참새들은 모두 짹짹가를 안다.

확인하기

1 돋보기   2 참새   3 짹짹가

이유 추론하기

5 우리나라에서는 참새가 내는 소리를 '짹짹'이라고 하기 때문에 우리나라에는 '짹짹'을 모르는 참새가 없다고 표현했다.

외부 자료에 적용하기

6 제시된 자료는 나라마다 다르게 나타내는 고양이의 울음소리에 대한 내용이므로, 고양이가 내는 소리는 비슷한데 나라마다 다르게 나타내는 게 재미있다고 한 (2) 승주가 시 [나]와 자료를 알맞게 이해한 것이다.
(1) 나래는 고양이의 울음소리가 나라마다 다른 게 아니라, 그 울음소리를 나라마다 다른 말로 나타낸다는 점을 이해하지 못하고 있다.

7 예시 답안

• 제목: 우리나라 병아리
우리나라 병아리들은 이렇게 얘기해.

비가 오다 삐악삐악 물장난하자 삐악삐악 아누이 오다 삐악삐악 눈놀이하자 삐악삐악

| 마음에 드는 글감을 골라 흉내 내는 말을 넣어 재미있는 시를 썼습니다. |
| 마음에 드는 글감을 골라 재미있는 시를 썼는데, 흉내 내는 말을 알맞게 넣지 못했습니다. |
| 마음에 드는 글감을 골라 흉내 내는 말을 넣어 재미있는 시를 쓰지 못했습니다. |

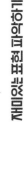

46~47쪽

1 (1)② (2)① 2 ② 3 하진 4 ⑤ 5 ③ 6 (2)○
7 예시 답안 참고

떠오르는 장면 파악하기

1 시에서 누가 무엇을 하고 있는지, 무엇이 어떤 모습인지를 살펴본다. 시 [가]에서는 돋보기를 가져야 할 만큼 작은 그림이 전시된 아주 작은 개미 미술관의 모습이 떠오르고, 시 [나]에서는 참새들이 나뭇가지에 앉아 '짹짹거리며 지저귀는 모습이 떠오른다.

시어의 의미 파악하기

2 참새들이 나뭇가지에 앉아 부르는 노래가 '짹짹'이고, 이어 '짹짹' 지저귀는 소리가 나오는 것으로 보아, 우리나라 참새들이 내는 소리를 노래에 빗대어 표현한 것을 알 수 있다.

재미있는 표현 파악하기

3 시 [나]에서는 참새들이 내는 소리를 '짹짹짹짹 짹짹짹짹 짹짹짹짹 짹짹' 같이, 소리를 흉내 내는 말을 반복해서 실감 나게 표현하여 읽을 때 말소리의 재미를 느낄 수 있다.
시 [가]에서는 개미 미술관에 갈 땐 돋보기를 가져가야 하는데, 그 까닭은 '개미 미술관 그림'이 '개미만큼 작아서 잘 안 보이기' 때문이라고 표현하고 있다. 개미 미술관이 개미보다 더 작을 것이라고 하지는 않았다.

재미있는 표현 파악하기

4 시 [가]의 3, 4행 '개미 미술관 그림은 개미만큼 작아서 잘 안 보이거든'에 ⊙과 같이 말한 까닭이 나타나 있다.

07 문장 부호

3회독 ★ 내가 표시한 내용과 예시 답을 비교하며 읽어 보세요.

- 문장 부호 종류별로 1개씩 ○
- 기억에 남는 부분에 [ ]

납작이가 된 스텐리

스텐리는 커다란 게시판 밑에서 아무렇지 않은 듯 명랑한 목소리로 물어 있습니다.
"무슨 일이에요?⊙"
〈마침표 일반적인 문장 끝에 씀 / 물음표 묻는 문장 끝에 씀〉

램증 씨 부부는 쿵다다 쿵다다 답례가 게시판을 치웠습니다. [램증 부인이 납작해진 것을 보고 램증 씨 부부와 동생 아서가 깜짝 놀람.]

인이 깜짝 놀라 소리 질렀습니다.
ⓒ"아니, 세상에!ℓ"
〈느낌표 느낌을 나타내는 문장 끝에 씀〉

아서도 기가 막혀 말문이 막혔습니다.

"어머, 스텐리 형이 납작해졌네!"
램증 씨도 덧붙였습니다.

"이럴 수가! 꼭 빈대떡처럼 됐구나. 삼다 삼다 별일을 다 보겠군."
램증 부인이 침착하게 말했습니다.

"우선 다들 아침부터 들어요. 그리고 나서 스텐리와 나는 댄 의사 선생
님께 가 볼게요. 뭐라고 하시는지 들어 봐야겠어요."

▲ 스텐리의 몸이 납작해지고, 이를 본 램증 씨 부부와 동생 아서는 깜짝 놀랐습니다. 의사 선생님이 물었습니다.

"기분은 어떠니? 통증이 심하니?"
스텐리가 대답했습니다.
"아침에 일어났을 땐 조금 근질근질한 것 같았는데, 지금은 아무렇지도
않아요."
의사 선생님이 말했습니다.
"이런 경우 대부분 그런 증상이 나타나지

★ 새로 알게 된 낱말이나
어려운 낱말을 써 보세요.

이사 선생님은 진찰을 끝내고 계속 이야기했습니다.

"댁의 아이를 계속 주의 깊게 지켜봐야겠습니다. 우리 의사들은 수년 동
안 많은 훈련과 경험을 쌓지만, 가끔씩 우리도 모르는 게 얼마나 많은지
그저 놀랍습니다."

램증 부인이 이제 스텐리의 옷을 모두 수선해야 할 것 같다고 하자, 의
사 선생님은 간호사에게 스텐리의 치수를 재도록 했습니다. 램증 부인은
치수를 받아 적었습니다.

스텐리의 키는 120센티미터였고⊙ 가로 폭이 30센티미터, 그리고 두께
는 1.2센티미터였습니다.
〈쉼표 같은 자격의 낱말들을 늘어놓을 때 씀.〉

▲ 병원에서 의사 선생님에게 진찰을 받고, 스텐리의 옷을 수선하기 위해 몸의 치수를
쟀습니다.

납작해진 몸에 익숙해지자 스텐리는 나름대로 즐겁게 적응해 나갔습니
다. 스텐리는 방문이 닫혀 있어도 마음대로 방을 드나들 수 있었습니
다. [램증 씨 부부는 다 바보 같은 짓을 짓이라고 말하면서도, 속으로는 무척
기특하게 생각했습니다.] [아서는 부러운 마음에 자기도 문틈으로 빠져
나가다가 이곳을 머리만 꽝 부딪혔습니다.] [스텐리는 납작한 몸도 제 쓸
모가 있다는 것을 알게 되었습니다.]
〈아서는 문틈으로 마음대로 방을 드나들 수 있게 된 스텐리를 부러워함.
스텐리는 몸이 납작해져서 좋은 점도 있다고 생각함.〉

▲ 납작해진 몸에 익숙해진 스텐리는 문틈으로 마음대로 방을 드나들었습니다. 이를
부러워하던 아서는 스텐리를 따라 하다가 머리를 부딪혔고, 스텐리는 자신의 납작해
진 몸도 꽤 쓸모가 있다는 것을 알게 되었습니다.

부조헷기

1 납작　2 병원　3 치수　4 쓸모

1 ②　2 (3)×　3 도움　4 " "　5 ④　6 (2)○
7 예시 답안 참고

읽어난 일 파악하기

1 등장인물에게 일어난 중심 사건으로, 이 일 때문에 다른 일들이 벌어지게 된다. 이 글에서 중심 사건은 스탠리의 몸이 납작해진 것이다.

① 스탠리를 본 아서가 "어라, 스탠리 형이 납작해졌네!"라고 한 것과 스탠리의 키는 120센티미터였고, 가로 폭이 30센티미터, 그리고 두께는 1.2센티미터였습니다.'라고 한 것에서 스탠리의 몸이 납작해졌다는 것을 알 수 있다.

③ 납작해진 스탠리를 보고 램프 씨가 '꼭 빈대떡처럼 됐구나.'라고 말하고 있다. 납작해진 몸을 '빈대떡' 같다고 표현한 것이다.

④ 스탠리가 의사 선생님이 된 것이 아니라, 의사 선생님이 몸이 납작해진 스탠리를 진찰했다.

⑤ 스탠리는 커다란 게시판 밑에 있었지만 게시판을 보지 못했다는 말은 없다.

세부 내용 파악하기

2 동생 아서는 형 스탠리가 문틈으로 방을 들락날락할 수 있는 것이 부러운 마음에 스탠리 형처럼 자기도 문틈으로 빠져나가려다가 애꿎은 머리만 쿵 부딪혔다. (3)은 스탠리가 아니라 동생 아서에게 있었던 일이다.

문장 부호의 쓰임 알기

3 문장 부호를 통해 문장의 뜻을 정확하게 이해할 수 있다. "어라, 스탠리 형이 납작해졌네!"에서 문장의 끝에 !(느낌표)를 썼느니, 느낌표는 느낌을 나타낼 때 쓰는 문장 부호이다. 스탠리 형이 납작해진 모습을 보고 놀람을 나타낸 것이다. 궁금함을 나타내려면 느낌표가 아닌 물음표를 써야 한다.

알맞은 문장 부호 쓰기

4 묻는 문장 뒤에는 물음표, 인물이 소리 내어 한 말을 나타낼 때는 큰따옴표를 쓴다. ⓒ은 이사 선생님이 스탠리에게 소리 내어 한 말이므로, 빈칸에는 큰따옴표 " "를 써야 한다.

인물의 마음 추론하기

5 스탠리는 납작해진 몸에 익숙해지자 나름대로 즐겁게 적응해 나갔고, 방문 이 닫혀 있어도 문틈으로 마음대로 방을 들락날락할 수 있었다. 그래서 스탠리는 납작한 몸도 꽤 쓸모가 있다는 것을 알게 되었다.

인물의 마음 추론하기

6 '기특하다'는 '말이나 행동이 칭찬해 줄 만큼 대견하고 귀염성이 있다.'라는 뜻이 말이다. 램프 씨 부부는 스탠리가 몸이 납작해진 이후에도 나름대로 즐겁게 적응해 나가는 모습을 보고 속으로 기특하게 생각하고 있다.

7 예시 답안

'갑자기 내 키가 왜 이렇게 커졌지? 이제 장롱 위에 있는 모자와 배낭까지 손이 닿네. 나는 키다리다!'

인물이 처한 상황에 어울리는 생각이나 속마음을 작은따옴표를 사용하여 알맞게 썼습니다.
인물이 처한 상황에 어울리는 생각이나 속마음을 썼으나, 작은따옴표를 알맞게 사용하여 쓰지 못했습니다.
인물이 처한 상황에 어울리는 생각이나 속마음을 쓰지 못하고, 작은따옴표를 알맞게 사용하지 못했습니다.

08

생활에 어울리는 낱말

3회독 ★ 내가 표시한 내용과 답을 비교하며 읽어 보세요.

전기가 나오는 축구공

신나게 놀면서 에너지도 만든다면 얼마나 좋을까요? 환한 낮에 아이들이 축구공을 차며 신나게 놀아요. 깜깜한 밤이 되면 축구공에 쌓인 에너지로 불을 밝혀요. 온 가족이 모여서 저녁 식사를 하고 책도 볼 수 있지요.

▲ 신나게 놀면서 에너지도 만들 수 있어요.

이렇게 멋진 발명품은 미국의 대학생들이 모인 단체에서 만들었어요. 이 단체는 '(소켓 볼)'이라고 해요. 전기가 부족한 나라에서는 깜깜한 밤에도 불을 켜지 못한 채 불편하게 지내요. 그래서 이 단체가 전기를 만드는 장치를 넣은 축구공을 발명했어요.

(설명 대상)

▲ 미국의 한 단체에서 전기가 부족한 나라를 위해 전기를 만드는 장치를 넣은 축구공인 소켓 볼을 발명했어요.

아이들이 공을 발로 차면 충격이 생기고, 그 충격이 축구공 안에 든 발전 장치를 통해서 전기로 바뀌어요. 축구공 곁에 있는 작은 부엉을 열면 전기 콘센트가 있는데, 거기에 전구를 연결하면 불이 켜져요.

▲ 소켓 볼을 발로 차면 충격이 생기고, 그 충격이 축구공 안에 든 발전 장치를 통해서 전기로 바뀌어요.

소켓 볼은 세 가지 장점이 있어요. [첫째, 소켓 볼은 환경을 더럽히는 오염 물질이 나오지 않아요.] 석탄이나 석유를 태워서 에너지를 만들면 많은 양의 이산화 탄소가 나와요. 이산화 탄소는 지구의 온도를 올려서 생물들이 살기 어렵게 만들지요. 소켓 볼은 이러한 이산화 탄소를 내뿜지 않고 에너지를 만들어 내요.

(소켓 볼의 첫 번째 장점)

▲ 소켓 볼은 이산화 탄소 같은 환경을 더럽히는 오염 물질을 발생시키지 않고 에너지를 만들 수 있어요.

[둘째, 소켓 볼은 여러 번 재사용할 수 있어요.] 횃불이나 기름을 태우는 등잔은 다 사용하면 새로 사야 해요. 하지만 소켓 볼은 전기를 다 쓰면 친구들에게 이렇게 말하면 돼요. "우리 축구하자!" 신나게 공을 차면 축구공 속에 다시 전기가 만들어지지요.

(소켓 볼의 두 번째 장점)

▲ 소켓 볼은 여러 번 재사용할 수 있어요.

[셋째, 소켓 볼은 쉽고 간단한 방법으로 에너지를 모을 수 있어요.] 30분 동안 축구를 하면, 3시간 정도 환하게 불을 밝힐 전기 에너지를 만들 수 있지요. 매일 1시간 동안 공을 돌리며 축구를 하면, 매일 밤 한 가정의 불을 밝힐 수 있어요.

(소켓 볼의 세 번째 장점)

▲ 소켓 볼은 쉽고 간단한 방법으로 에너지를 모을 수 있어요.

간단한 방법으로 환경을 보호하면서 에너지도 만들 수 있는 소켓 볼은 참 신통하지요? 여러분도 상상의 나래를 펴고, 친환경 기술로 움직이는 장난감을 떠올려 보세요. 우리가 꿈꾸는 상상이 현실이 될 수 있어요.

▲ 여러분도 친환경 기술에 대해 상상해 보고 그것이 현실이 되도록 만들어 보세요.

설명하는 대상에 ○
소켓 볼의 원리에 ~~~
소켓 볼의 장점에 [ ]

★ 새로 알게 된 낱말이나 어려운 낱말을 써 보세요.

_____

_____

_____

_____

속닥속닥

1 전기   2 충격   3 오염   4 재사용

1 (2)○ **2** ④ **3** (1) 불빛 (2) 읽고 **4** ④ **5** ④ **6** (2)○

7 예시 답안 참고

내용 파악하기

1 이 글은 아이들이 축구를 하면서 전기를 만들어 낼 수 있도록 발명된 축구공 소켓 볼에 대해 설명하고 있다.

내용 파악하기

2 소켓 볼은 미국의 대학생들이 모인 단체에서 만들었다.

① 소켓 볼 곁에 있는 작은 구멍은 열면 전기 콘센트가 있는데, 거기에 전구를 연결하면 불이 켜진다.

② 소켓 볼의 장점 중 하나는 이산화 탄소를 내뿜지 않고 에너지를 만들어 낸다는 것이다.

③ 소켓 볼의 장점 중 하나는 여러 번 재사용할 수 있다는 것이다.

⑤ 석탄이나 석유를 태워서 에너지를 만드는 많은 양의 이산화 탄소가 나오는데, 이산화 탄소는 지구를 뜨겁게 만드는 오염 물질이다.

상황에 어울리는 낱말 넣기

3 그림 속 남자아이는 소켓 볼이 불빛을 비추어 책을 읽고 있다.

상황에 어울리는 낱말 넣기

4 '축구공을 발로' 다음에는 '발로 내어 지르거나 받아 올리다.'라는 뜻이 있는 '차다가 들어가는 것이 알맞다.

내용 추론하기

5 친환경 기술은 자연환경을 오염하지 않는 기술을 말한다. 소켓 볼은 이산화 탄소와 같이 환경을 더럽히는 오염 물질을 내뿜지 않는 친환경 기술이다.

어울리는 속담 추론하기

6 광고의 '운동도 하고, 전기도 만들고'는 운동하는 동시에 전기도 만들 수 있다는 것이므로, 한 가지 일을 하여 두 가지 이상의 이익을 보는 것을 비유하는 말인 (2) "꿩 먹고 알 먹고"라는 속담이 이에 어울린다.

7 예시 답안

내가 만들고 싶은 친환경 발명품은 친환경 신발이다.

이 발명품의 특징은 걸으면 에너지가 쌓인다. 운동화에 전구를 꽂으면 불이 켜져서 그 불빛으로 그림책을 볼 수 있다.

	문장에 어울리는 낱말을 넣어 친환경 발명품에 대해 소개하는 글을 썼습니다.
	친환경 발명품에 대해 소개하는 글을 썼으나, 문장에 어울리는 낱말을 쓰지 못했습니다.
	문장에 어울리는 낱말을 넣어 친환경 발명품에 대해 소개하는 글을 쓰지 못했습니다.

09

인물의 모습과 행동

인물의 모습이나 태난 부분에
인물의 행동이나 태난 부분에 [ ]

★ 내가 표시한 내용과 예시 답을 비교하며 읽어 보세요.

3회독

무적 말숙

"말뚝이?"
엄마 눈이 똥그래졌어.
"개똥이, 소똥이처럼 이름에 '똥' 자를 넣어 말뚝말뚝하니께 말뚝이 튼튼하게 오래 산다아. 막 똥이니께 '말' 자를 넣어 말뚝이! 눈이 이으는 말뚝말뚝하니께 말뚝이가 딱이구만, 위떼?"
아빠 눈이 반짝였어.

"아만 그래도 똥은 거시기하제. 내가 고생혀서 낳은 귀헌 막내딸이니게, 내 이름 '박수자'의 '숙'을 따서 '말숙'으로 합시다!"
엄마가 힘주어 말했어.
"그려, 그짓도 좋구먼."
아빠는 아쉽지만 고개를 끄덕였어.

▲ 아빠는 이름에 '똥' 자를 붙이면 튼튼하게 오래 산다고 해서 '말똥이'로 이름을 지으려 다 엄마의 반대로 말숙'으로 이름을 지었어.

아빠가 말숙이 이름을 말똥이로 지으려고 한 데는 다 까닭이 있었어. 말숙이는 아주아주 작고 여한 아이로 태어나잿거든. 다리가 나무 꼬쟁이 같아 서 또래보다 걸음마도 늦었어. 한이름에는 땀을 뻘뻘, 한겨울에는 콧물을 줄줄 흘렸고, 엄마 아빠는 말숙이가 튼튼하게 자라기를 바라며 [삼시 세 끼 따뜻한 밥을 짓고, 첫 가지 약죽을 넣어 약을 달여 먹였어.]

밤 낮분이나 약 덕분인지, 말숙이는 하루가 다르게 살이 토실토실 오르 고 힘도 무지무지 세졌어.

[세 살이 되자 마을이 쩌렁쩌렁 울릴 만큼 우렁차게 울었고, 다섯 살이 되자 밥상을 번쩍 들었고, 여덟 살이 되자 씨름판에서 남자아이들과 팔씨름을 해도 지 지 않았어.]

"아이고, 말숙이한테 잘못 덤볐다간 아주 일 나겄구먼."
열집 아이고 아줌마가 혀를 내둘렀어.
"기여, 천하무적이 따로 없당게."
뒷집 기여 할머니도 맞장구를 쳤고.

▲ 말숙이는 태어났을 때는 몸이 아주 약했지만, 부모님이 해 주신 밥이나 약 덕분인지 자라면서 힘이 아주 세졌어.

말숙이한테는 '일남, 이남, 삼남, 사남'이라는 오빠들이 있었어. 일남이 는 이남이보다, 이남이는 삼남이보다, 삼남이는 사남이보다 힘이 셌어. 어 쩟거나 하나같이 주먹이 매웠지. [말숙이는 그런 오빠들한테 질세라 밥 도 한 공기씩 더 먹고 목소리도 더 크게 냈어.]

▲ 말숙이에게는 네 명의 오빠들이 있었는데 모두 힘이 셌어. 말숙이는 그런 오빠들한테 질세라 밥을 한 공기씩 더 먹고 목소리도 더 크게 냈어.

그래도 오빠들 힘을 따라갈 수는 없었어. 그나마 오빠들 가운데 가장 크 트 마디막인 사남이 오빠가 좀 만만했어. [말숙이는 걸핏하면 사남이 오빠가 아껴 둔 과자를 남을 먹어 치우고, 사남이 오빠 공책에 낙서도 했어. 오빠 한테 들키기라도 하면 눈물 한 방울 안 흘리고 입으므란 엉엉 울어 댔지.]

그럴 때면 엄마 아빠는 말숙이가 아닌 사남이 오빠를 나무랐어.

▲ 말숙이는 오빠들 중 만만한 사남이 오빠를 곯탕 먹이고 오빠한테 들키면 가짜로 엉엉 울었는데, 그러면 엄마 아빠는 사남이 오빠만 나무랐어.

★ 새로 알게 된 낱말이나 어려운 낱말을 써 보세요.

정답 확인

1 말뚝   2 오빠   3 힘   4 사람

1 ⑤　**2** (1)① (2)③ (3)② (4)④　**3** ③　**4** (1)○　**5** ④
6 용후　**7** 예시 답안 참고

세부 내용 파악하기
1 만숙이 오빠들은 하나같이 주먹이 매웠고, 만숙이는 그런 오빠들한테 질세라 밥도 한 공기씩 더 먹고 목소리도 더 크게 냈지만, 그래도 오빠들 힘을 따라갈 수가 없었다.

세부 내용 파악하기
2 만숙이는 아주 작고 약한 아이로 태어났지만 자라면서 힘이 세져서, 세 살 때 마을이 쩌렁쩌렁 울릴 만큼 우렁차게 울었고, 다섯 살 때 밥상을 번쩍 들었으며, 여덟 살이 되자 남자아이들과의 팔씨름에서도 지지 않았다.

인물의 행동 파악하기
3 행동이 나타난 문장은 이야기 속에서 인물이 무엇을 하는 부분이다. 만숙이 엄마 아빠는 만숙이가 튼튼하게 자라기를 바라며 삼시 세끼 따뜻한 밥을 짓고, 천 가지 약초를 넣어 약을 달여 먹였다.

인물의 모습 파악하기
4 아빠가 '눈이 말똥말똥하니께 말똥이!'라고 말한 것을 보면, 만숙이는 태어난 지 얼마 안 되었을 때도 눈이 말똥말똥했다는 것을 알 수 있다.
(2) 만숙이는 어렸을 때 다리가 나무 고챙이 같아서 걸어서 오래보다 걸음마도 늦었다.
(3) 만숙이는 어렸을 때 약해서 한여름에도 땀을 벌벌 흘렸다고 하였다.

내용 추론하기
5 아빠가 만숙이 이름을 말똥으로 지으려고 한 데는 까닭이 있었는데, 만숙이는 아주아주 작고 약한 아이로 태어났기 때문이다. 이름에 '똥' 자를 붙이면 튼튼하게 오래 산다고 해서 이름을 말똥으로 지으려고 했다.

인물의 행동 비판하기
6 만숙이는 오빠들 가운데 가장 꼬트머리인 사남이 오빠가 그나마 좀 만만해서 걸핏하면 사남이 오빠가 아껴 둔 과자를 냠름 먹어 치우고, 사남이 오빠 공책에 낙서도 했다.
인희: 만숙이가 오빠들보다 밥을 한 공기 더 먹는 까닭은 밥을 많이 넣이 먹는 오빠들이 얄미워서 가아니라 오빠들한테 지기 싫어서이다.

7 예시 답안
- 이름: 나힘찬
- 모습: 키는 2미터가 넘고 근육질 몸매에 넓은 어깨, 튼튼한 팔다리를 가지고 있다.
- 행동: 어떤 무거운 물건도 한 손으로 번쩍 든다. 다른 사람들을 도와주는 것을 좋아하고 약한 사람들을 괴롭히는 사람을 보면 나서서 혼내 준다.

☺	세상에서 가장 힘이 센 인물의 모습과 행동을 상상하여 알맞게 썼습니다.
☺	세상에서 가장 힘이 센 인물의 모습이나 행동 가운데 한 가지를 상상하여 썼습니다.
☹	세상에서 가장 힘이 센 인물의 모습과 행동을 상상하여 쓰지 못했습니다.

10 재미있게 읽은 책 소개하기

소개하기

- 소개하는 책 제목 에 ○
- 소개하는 까닭에 ～
- 느낀 점에 [ ]

★ 새로 알게 된 낱말이나 어려운 낱말을 써 보세요.

_____
_____
_____
_____

3회독 ★ 내가 표시한 내용과 예시 답을 비교하며 읽어 보세요.

『아흔 살 마음 사전』을 읽고

친구 준이가 『아흔 살 마음 사전』을 읽고 재미있다며 내게 추천해 주었다. 책을 읽고 나니 앞으로 내 마음을 적절한 말로 잘 나타낼 수 있을 것 같았다. 친구들도 이 책을 읽고, 자신의 마음을 잘 표현하기를 바라서 이 책을 소개한다.

▲ 친구 소개로 『아흔 살 마음 사전』을 읽고, 내 마음을 적절한 말로 잘 나타낼 수 있게 되어 친구들도 그렇게 되기를 바라는 마음으로 추천한다.

이 책은 마음을 표현하는 낱말 80개가 담겨 있는 '마음 사전'이다. [낱말과 함께 낱말에 딱 어울리는 그림이나 상황을 나타낸 글이 나와 있어서 사전이지만 그림책을 보는 것처럼 재미있다.] 『아흔 살 마음 사전』을 읽고 느낀 점

▲ 이 책은 마음을 표현하는 80개의 낱말에 어울리는 그림과 내용이 나와 있는 '마음 사전'이다.

마음 사전은 ㄱ, ㄴ, ㄷ 순서대로 쓰여 있는데, 나는 그 순서대로 읽지 않고 궁금했던 감정을 찾아서 읽었다. 가장 먼저 찾은 감정은 '조마조마'해'였다. '조마조마'에는 풍선을 크게 부는 오빠에게 풍선이 터질 것 같으니 그만 불라고 하는 아이의 모습이 그려져 있었다. [낱말이 뜻만 읽었을 때는 어떤 마음인지 이해하기 어려웠는데, 그림과 상황을 같이 보니 어떤 일이 벌어질 것 같아 불안한 마음이 잘 이해되었다.]

▲ 이 책에서 가장 먼저 찾은 감정은 '조마조마'해로 그림과 상황을 같이 보니 느낌이 잘 이해되었다.

그다음으로 찾은 낱말은 '신난다'였다. '신난다'의 뜻은 '재미있고 즐거운 기분이 든다'로, [이 낱말에는 눈썰매를 타고 씽씽 달리는 아이가 그려져 있었다. 그 그림을 보니 준이와 함께 눈썰매를 신나게 탔던 기억이 떠올랐다. [눈썰매 타는 그림과 함께 낱말 뜻을 보니 '신난다'의 뜻이 훨씬 잘 전해졌다.]

▲ '신난다'에 대한 그림을 보고, 준이와 함께 눈썰매를 탔던 기억이 떠올랐고, 그림과 함께 낱말 뜻을 보니 낱말이 느낌이 잘 전해졌다.

[이 책을 읽고 나도 『훙서영의 여덟 살 마음 사전』을 만들어 보고 싶다는 생각이 들었다.] 그래서 일기장에 마음을 나타내는 낱말을 몇 개 써 보았다. 처음으로 쓴 낱말은 '고맙다'였다. 나는 그 낱말에 내가 만든 가네 이션을 가슴에 단 아빠 엄마를 그릴 것이다. 나는 아빠 엄마가 나의 아빠 엄마여서 정말 고맙기 때문이다.

▲ 이 책을 읽고, 나만의 마음 사전을 만들어 보고 싶어졌고 첫 낱말은 '고맙다'를 썼다.

두 번째 낱말은 '괴롭다'이다. 그 낱말에는 수학 문제집이 펼쳐져 있는 모습을 그릴 것이다. 그리고 '수학 시간에 느껴지는 마음'이라고 쓸 것이다. 수학을 잘 못하는 나는 수학 시간만 되면 괴로워서 개미구멍에라도 숨고 싶기 때문이다. 그런데 수학을 잘하는 친구들은 '괴롭다'라는 낱말에 왜 이런 그림과 뜻이 들어가 있는지 이해하기 어려워지도 모르겠다. 그러니까 이건 나만의 마음 사전이다.

▲ '괴롭다' 낱말 옆에는 수학 문제를 풀 때의 괴로움을 그림으로 나타낼 것인데, 다른 사람은 이해하기 어려울 수 있다.

책을 더 많이 읽고, 나만의 마음 사전에 넣을 낱말을 더 많이 모아야겠다. 낱말이 꽃 사이를 날아다니며 꿀을 모으는 것처럼 나는 낱말을 모아 낱말 부자가 될 것이다. 그러면 내 마음과 생각을 더 잘 표현할 수 있을 것이다.

▲ 내 마음과 생각을 더 잘 표현할 수 있도록 책을 더 많이 읽고, 나만의 마음 사전에 넣을 낱말들을 더 많이 모아야겠다고 생각했다.

소감 한끼

1 책   2 낱말   3 마음 사전

70~71쪽

1 소개   **2** ③   **3** ⑤   **4** (1)○ (2)○ (3)× (4)○ (5)○   **5** ④
6 리오   **7** 예시 답안 참고

내용 파악하기

1 이 글은 글쓴이인 홍서영이 『아홉 살 마음 사전』이라는 책을 읽고, 친구들에게 소개하는 글이다.

내용 파악하기

2 이 글의 끝부분에 나타나 있다. 글쓴이는 벌이 꽃 사이를 넘나들며 꿀을 모으는 것처럼 자신만의 마음 사전에 쓸 낱말들을 더 많이 모으기 위해 책을 더 많이 읽겠다고 하였다.

소개 이유 파악하기

3 글의 첫 부분에 이 글을 왜 쓰느지가 나타나 있다. 글쓴이는 이 책을 읽고 나니 자신의 마음을 더 잘 표현할 수 있을 것 같았고, 친구들도 이 책을 읽고 자신의 마음을 더 잘 표현하면 좋을 것 같아서 이 책을 소개하는 글을 썼다.

소개 내용 파악하기

4 책의 지은이가 누구인지는 이 글에 나타나 있지 않다.
(1) 책의 제목은 『아홉 살 마음 사전』이라고 앞부분에 나와 있다.
(2) 이 책은 마음을 표현하는 80개의 낱말이 담겨 있는 '마음 사전'이라고 소개했다.
(3) 친구들도 이 책을 읽고 자신의 마음을 잘 표현했으면 해서 소개한다고 하였다.
(4) 낱말 '조마조마해'와 '신난다'에 대한 그림을 보고 떠오른 기억과 느낌을 나타내고 있다.

이유 추론하기

5 '괴롭다'라는 낱말을 '수학 시간에 느낀 마음'으로 표현한 것처럼 낱말에 대한 나 자신의 마음을 표현했기 때문에 '나만의 마음 사전'이라고 썼다.

내용 추론하기

6 글쓴이는 자신의 마음과 생각을 더 잘 표현하기 위해 책을 더 많이 읽고 낱말을 더 많이 모아야겠다고 했다.

7 예시 답안

• 책의 제목: 강아지똥
• 소개하는 까닭: 감동적으로 읽은 그림책이어서
• 재미있는 부분: "나는 단단은 똥인데 어떻게 하면 착하게 살 수 있지?"라고 강아지똥이 고민하는 부분. 똥이 착하게 살고 싶어 한다는 것이 재미있고 감동적이다.

😀	재미있게 읽은 책을 소개하는 글을 제목, 소개하는 까닭, 재미있는 부분을 모두 포함하여 썼습니다.
🙂	재미있게 읽은 책을 소개하는 글을 썼으나, 제목, 소개하는 까닭, 재미있는 부분 중 일부를 쓰지 못했습니다.
🙁	재미있게 읽은 책을 소개하는 글을 쓰지 못했습니다.

11

이야기의 재미있는 부분

- 이야기의 글감에 ◯
- 이야기의 중심 사건에 〰
- 재미있는 부분에 [ ]

★ 새롭게 된 낱말이나 어려운 낱말을 써 보세요.

3회독 ★ 내가 표시한 내용과 내용과 내용을 비교하며 읽어 보세요.

열려라, 돈나무!

율원이네 집 우편함에 작은 봉투 가 꽂혀 있었다.

봉투를 발견함:

"어? 웬 편지?"

율원이는 작은 봉투를 꺼냈다.

〔돈나무 씨앗?〕 이야기의 글감

봉투 뒷면에 깨알같이 글씨가 적 혀 있었다. 율원이는 봉투에 적힌 글 씨를 읽고 또 읽고는 봉투 안을 탈 탈 털었다. 그러자 정말로 콩알같고 동그란 씨앗 하나가 톡 떨어졌다.

씨앗을 손에 넣음.

"잇! 진짜 있네?"

율원이는 재빨리 빈 화분을 찾아

〔돈나무 씨앗 사용법〕
1. 씨앗을 아무 곳도 모르는 장소에 심는다.
2. 물을 주거나 햇볕은 쬐일 필요 없다.
3. 눈을 꼭 감고 손을 모은 후 주문을 외운다.
  "열려라, 돈나무!"
4. 열린 돈을 오후 다섯 시까지 모두 다 쓴다

〈주의 사항〉
• 열린 돈을 다 쓰지 않거나 누군가에게 돈나무
  에 대해 말하는 순간, 돈나무는 영원히 사라진
  다. 쓰지 못한 돈도 사라진다.
• 돈 열매는 하루에 딱 한 번만 열린다.

씨앗을 심음

들고 방에 들어와 방문을 잠갔다. 그러고는 주머니에서 씨앗을 꺼내서 흙 속에 묻었다.

"이게 정말 될까?"

율원이는 숨을 크게 들이쉰 후 눈을 꼭 감고 손을 모았다.

"열려라, 돈나무! / 누가 듣는 것도 아닌데 얼굴이 화끈거렸다.

돈나무에 전짜 돈이 열리는 것이 신기함.

'으, 너무 유치해. 나 뭐 하는 거야, 정말!'

눈을 번쩍 뜨고 화분을 치우려고 팔을 숨속에 편 넣은 순간이었다. 그때였다. 흙 속에서 뭔 가 꿈틀댔다. 〈중략〉

"이야! 돈이다!" / 주렁주렁 달린 건 오백 원짜리 동전이었다.

돈나무에 오백 원짜리 동전이 열림.

▲ 주문을 말하자 돈나무가 자라나 돈나무에 오백 원짜리 동전이 주렁주렁 열렸다.

"우히히! 에헤헤!"

자꾸만 웃음이 났다. 오백 원짜리 돈 열매를 똑똑 따서 나란히 놓으니 딱 열 개였다.

"오천 원이다! 이걸로 뭘 사지?"

가슴이 벅찼다.

"아자차, 다섯 시까지 다 쓰라고 했지?"

[시계를 보니 벌써 네 시 십 분이었다. 맘이 급해진 율원이는 웃장 문을 열고 웃을 뒤로 돈나무를 숨겼다. 그러고는 부리나케 뛰어나갔다. 주머니 에서 찰랑찰랑 동전 소리가 났다.

내 시 삼십 분, 아주아금 시간이 가고 있었다. 율원이는 가장 가까운 아 파트 입구 편의점으로 갔다. 평소와 달리 눈에 띄는 것들을 맞설음이 없었 집아서 계산대에 올려놓았다.

돈나무에서 연 돈전을 편의점에서 씀

"사천오백 원입니다."

편의점 아저씨의 말에 보란 듯이 오백 원 동전 열 개를 척 내고, 오백 원 원 짜리 풍선껌 하나를 추가했다. 아저씨가 비닐봉지에 담아 주며 "감사합니 다." 했다.

편의점을 나선 율원이는 아이스크림을 함짝거리며 껌, 젤리, 과자, 소시 지가 든 봉지를 흔들었다. 시계를 보니 딱 다섯 시였다. 마음이 편해지면 서 아이스크림처럼 몸도 사르르 녹았다.

▲ 율원이는 급히 가까운 편의점으로 가서 물건을 사고 오백 원짜리 동전 열 개를 냈다. 편의점을 나와서 시계를 보니 딱 다섯 시였다.

1 봉투 2 돈나무 3 동전 4 편의점

78-79쪽

1 도나무   2 ③   3 (1) ① (2) ③ (3) ②   4 은애   5 ③
6 흥부   7 예시 답안 참고

글감 파악하기

1 '글감'은 글의 내용이 되는 재료로, 이 글은 융원이가 도나무 씨앗이 든 봉투를 발견해 도나무 씨앗을 심고, 그 도나무에 달린 돈을 편의점에서 쓴 이야기이다.

세부 내용 파악하기

2 <도나무 씨앗 사용법>과 <주의 사항> 부분에 도나무 씨앗에 대한 설명이 나타나 있다. 도나무가 열리게 하는 주문은 "열려라, 꿈나무"가 아니라 "열려라, 도나무!"이다.

① <도나무 씨앗 사용법> '1'에 나온다.
② <도나무 씨앗 사용법> '2'에 나온다.
④ <도나무 씨앗 사용법> '4'에 나온다.
⑤ <주의 사항> 첫 번째에 나온다.

인물의 마음 파악하기

3 이야기의 첫 부분인 도나무 씨앗이 든 봉투를 발견하는 부분, 오후 다섯 시 전에 돈을 다 써야 해서 다급해하는 부분, 편의점에서 동전을 마음껏 사용하는 부분 등에서 등장인물의 마음을 함께 느끼며 이야기의 재미를 느낄 수 있다. 융원이는 집 우편함에서 작은 봉투를 보고 돈을 다 써야 하는 호기심이 생겼고, 시계를 보고 돈을 다 써야 하는 시간이 다가왔을 때 단자 마음이 조마조마하고 급해졌다. 그리고 편의점에서 사고 싶은 물건을 사고 보란 듯이 돈을 낼 때는 자랑스럽고 당당한 마음이 들었다.

재미있는 부분 파악하기

4 은애는 나무에 돈 열매가 주렁주렁 열리는 부분이 마법 같고 신기해서 재미있었다고 하며, 이야기에서 재미있는 부분과 그 까닭을 잘 말해 주었다. 보미와 두신이는 이야기의 재미있는 부분과 그 까닭을 말하지 않고, 이야기를 읽으며 드 마음과 생각을 말하였다. 그리고 그 내용도 이야기의 내용에 맞지 않다.

내용 추론하기

5 '명소와 달리'라는 말에서 융원이가 평소에는 편의점에서 물건을 고를 때 많은 시간을 알 수 있다. 하지만 지금은 오후 다섯 시까지 써야 할 돈이 너무 하게 있었기 때문에 양심을 없이 물건을 집어서 계산대에 올려놓은 것이다.

인물의 마음 추론하기

6 흥부도 융원이와 마찬가지로 갑자기 얻게 된 재물로 인해 기쁨과 흥분을 느꼈을 것이다.

7 예시 답안

화분에 자라난 것은 '시간 나무'였어요. 나뭇가지에 작은 쪽지들이 붙어 있었어요. 나는 실째 쪽지를 펴 보았어요. 쪽지 안에는 1시간이라는 시간이 적혀 있었어요. 나는 실째 쪽지를 펴자, 시간 나무가 말했어요.
"1시간 동안 신나게 놀아 보세요. 이것을 지키지 않으면 키가 작아집니다."

😆	자신이 바라는 열매를 골라 재미있는 이야기를 썼습니다.
🙂	자신이 바라는 열매를 골랐으나, 재미있는 이야기를 쓰지 못했습니다.
🙁	자신이 바라는 열매를 고르지 못했고, 재미있는 이야기도 쓰지 못했습니다.

12

상황에 맞는 높임 표현

- 설명 대상에 ○
- 높임 표현에 ~~~
- 중요한 부분에 [ ]

3 회독 ★ 내가 표시한 내용과 비교하며 교과서 읽어 보세요.

공경하는 마음을 표현해요

동이는 영양사 선생님의 심부름으로 다리를 다치신 교장 선생님께 급식을 갖다 드렸어요. 그런데 동이가 교장 선생님께 이렇게 말했어요.

"교장 선생님, 밥 먹어!"

동이는 인자한 교장 선생님을 좋아하고 공경하는 마음이 있었어요. 그런데 높임말을 잘 몰라서 실수를 한 거예요.

"교장 선생님, 진지 잡수세요!"

이렇게 말했다면 웃어른에 대한 공경의 마음이 전해져서 더 좋았을 거예요.

▲ 높임말을 잘 몰라서 동이가 교장 선생님께 실수를 했어요.

[높임 표현]이란 무엇일까요? [높임 표현은 말하는 사람이 듣는 사람이나 다른 대상을 높이기 위해 쓰는 표현] 이에요. [높임 표현을 나타내는 방법은 여러 가지가 있어요. 먼저 문장을 끝맺을 때 '-습니다' 또는 '요'를 써요. 또 높여야 하는 사람에게도 '께서'나 '께'라는 높임의 뜻을 쓰지요. 그 밖에 '밥'은 '진지', '먹다'는 '잡수시다'라고 높임의 뜻을 나타내는 특별한 낱말을 쓰기도 해요.]

▲ 높임 표현은 말하는 사람이 듣는 사람이나 다른 대상을 높이기 위해, 여러 가지 방법으로 나타낼 수 있어요.

[높임 표현은 언제 주로 사용할까요? 웃어른에게 말할 때나, 웃어른에 대해서 말할 때 주로 사용해요.] 친구에게 동생에 대해 말한다면, "내 동생은 학교에 갔어." 이렇게 말하면 되지요. 그런데 선생님께 할머니에 대해서 말씀드린다면, "할머니께서는 노인 대학에 가셨어요." 이렇게 표현해요. 친구에게 말할 때와 선생님께 말씀드릴 때 다른 표현을 쓰지요.

▲ 높임 표현은 웃어른께 말할 때나 웃어른에 대해서 말할 때 주로 사용해요.

[그럼 높임 표현은 왜 써야 할까요? 높임 표현은 상대방을 높이고 공경하는 마음을 표현하기 위해 써요.] 높임 표현이 필요할 때 사용하지 않으면, 상대방은 말하는 사람이 예의가 없거나 공경하는 마음이 없어서 높임 표현을 쓰지 않았다고 생각할 수 있어요.] 우리는 어버이날에 부모님께 카네이션을 드리며 감사한 마음을 표현하지요? 사랑하는 부모님께 마음을 전하기 위해 고운 마음을 담은 예쁜 말을 할 거예요. 상황에 맞는 높임 표현은 이러한 상황에서 예의를 지키기 위해 필요해요.

▲ 높임 표현은 상대방을 높이고 공경하는 마음을 표현하기 위해 써요.

높임 표현은 무엇이고 왜 필요한지 알겠지요? 상황에 맞는 높임 표현을 정확히 알아두고 필요할 때 쏙쏙 알맞게 사용해 보세요.

▲ 상황에 맞는 높임 표현을 사용해 보세요.

★ 새로 알게 된 낱말이나 어려운 낱말을 써 봐요.

어휘 확인하기

1 듣는 2 께서 3 웃어른 4 공경

1 높임 표현 2 ②, ④ 3 (1)○ 4 지혜 5 ⑤ 6 (2)○
7 예시 답안 참고

내용 파악하기

1 높임 표현은 말하는 사람이 듣는 사람이나 다른 대상을 높이기 위해 쓰는 표현이다.

내용 파악하기

2 높임 표현은 웃어른께 말할 때나, 웃어른에 대해서 말할 때 사용한다.

높임 표현 이해하기

3 (1) 웃어른인 할아버지께 말씀드릴 때는 "할아버지, 진지 잡수세요."라고 높임 표현을 사용해야 한다.

(2) 동생은 말하는 사람보다 아랫사람이므로 높임 표현을 사용하지 않는다. 친구에게 말할 때는 "내 동생은 학교에 갔어."라고 말하고, 선생님께 말씀드릴 때는 "제 동생은 학교에 갔어요."라고 표현해야 한다.

(3) 선생님께 웃어른인 할머니에 대해서 말씀드릴 때는 높임 표현인 "께서"와 "다니세요"를 써야 한다.

높임 표현 이해하기

4 웃어른이 선생님께 말씀드릴 때는 문장을 끝맺을 때 '-습니다'나 '요'를 쓰고, '여쭤보다'라는 높임의 뜻을 나타내는 낱말을 사용하여 "선생님, 여쭤볼 게 있어요."라고 해야 한다. 이처럼 높임 표현을 사용하면 선생님을 높이고 공경하는 마음을 표현할 수 있다.

내용 추론하기

5 이 글의 첫 부분에서 돌이가 교장 선생님께 했던 실수처럼 높임 표현을 모르면 공경하는 사람에게 공경의 마음을 전할 수 없다. 높임 표현이 필요할 때 사용하지 않으면, 상대방은 말하는 사람이 예의가 없거나 공경하는 마음이 없어서 높임 표현을 쓰지 않았다고 생각할 수 있다.

내용 평가하기

6 부모님께 카드를 쓸 때는 높임 표현을 사용하여 예의를 지킨다. 윤주는 문장을 끝맺을 때 '요'를 써서 감사하는 마음을 알맞게 표현했다.

7 예시 답안

지희 아버지

지희 아버지는 오랫동안 택시 운전을 하셨어요. 올해 38세로, 지희는 30살 차이가 납니다. 하지만 지희와 게임을 하실 때면 친구처럼 친근하게 느껴져요. 운전하는 게임은 제가 아버지보다 더 잘한답니다.

^^	선생님에 대한 높임 표현을 알맞게 써서 소개하는 글을 썼습니다.
:)	선생님에 대한 높임 표현을 써서 소개하는 글을 썼으나, 바르지 않은 표현이 있습니다.
:(	선생님에 대한 높임 표현을 알맞게 사용하여 소개하는 글을 쓰지 못했습니다.

13
내용에 알맞은 제목

내용에 알맞은 제목
- 소개 대상에 ○
- 중심 내용에 ~~~

★ 새로 알게 된 낱말이나
어려운 낱말을 써 보세요.

---

3 회독 ★ 내가 표시한 내용과 예시 답을 비교하며 읽어 보세요.

행복을 주고 간 친구, 푸바오

많은 사랑을 받은 푸바오

푸바오는 2020년 7월 20일에 우리나라에서 처음 태어난 암컷 판다예요. 2014년, 중국 시진핑 국가주석이 우리나라를 방문할 때 데려온 수컷 판다 러바오와 암컷 판다 아이바오 사이에서 태어났어요. 태어날 때 몸무게는 197그램으로 무척 가벼웠고, 몸길이는 16.5센티미터로 아주 작았어요. 푸바오의 이름은 중국어로 '행복을 주는 보물'이라는 뜻이에요.

▲ 푸바오는 우리나라에서 처음 태어난 암컷 판다예요.

푸바오는 귀엽게 생긴 모습과 장난스러운 행동으로 우리나라에서 많은 인기를 끌었어요. 뒹굴거리며 잠드는 모습, 주식인 대나무를 우적우적 씹어 먹는 모습, 사육사와 장난치는 모습 등으로 큰 사랑을 받았지요. 푸바오가 사는 동물원은 푸바오를 보기 위해 온 사람들로 북적였어요. 그런데 이렇게 많은 사랑을 받은 푸바오가 내 살이 되던 2024년 4월에 중국으로 돌아갔어요.

▲ 귀엽게 생긴 모습과 장난스러운 행동으로 우리나라에서 인기를 끌고 많은 사람들을 받... 단 푸바오가 중국으로 돌아갔어요.

중국으로 돌아간 푸바오

푸바오는 왜 중국으로 돌아간 걸까요? 푸바오는 한국에서 태어났지만 중국의 판다예요. 부모의 보살핌을 받지 않고 혼자 살 수 있는 나이가 되면 중국에 돌려주기로 하고 몇 년 동안만 우리나라에서 키운 거예요. 푸바오는 '자이언트 판다'로, 이 동물은 현재 전 세계에 1,800여 마리밖에 남아 있지 않아요. 중국은 판다를 연구하고 개체 수를 늘리기 위해서 다른 나라에 빌려준 판다를 돌려받고 있어요. 푸바오도 중국의 보호를 받아야 해서 돌아간 거예요.

▲ 푸바오는 전 세계에 1,800여 마리밖에 없는 자이언트 판다로, 중국의 보호를 받기 위해 돌아갔어요.

푸바오가 태어날 때부터 함께한 사육사는 "푸바오가 떠나는 것은 아쉽지만 푸바오는 중국에서 더 행복할 수 있다."라고 말했어요. 중국은 판다가 살기에 맞는 환경이 갖추어져 있고, 좋은 짝을 만날 수도 있기 때문이에요. 푸바오가 우리나라에 없는 것은 아쉽지만, 우리는 푸바오가 중국에서 맛있는 자이언트 판다로 자라기를 바라며 응원해야겠습니다.

▲ 푸바오가 중국에서 멋있는 자이언트 판다로 자라기를 바라며 응원합니다.

거꾸로 읽기

1 판다 2 인기 3 중국

90~91쪽

1 푸바오 **2** ① **3** ③ **4** (2)〇 **5** (2)〇 **6** 서준

7 예시 답안 참고

글감 파악하기

1 한국에서 많은 사랑을 받다가 중국으로 돌아간 푸바오에 대한 글이다. 이 글에서 소개하고 있는 것은 '푸바오'이다.

세부 내용 파악하기

2 푸바오는 우리나라에서 최초로 태어난 암컷 자이언트 판다이다. 따라서 ① 은 푸바오에 대한 설명으로 알맞지 않다.

알맞은 제목 파악하기

3 ⓒ 뒤에 이어지는 내용은 푸바오가 중국으로 돌아간 까닭 등에 대한 것이 므로 제목으로 알맞은 것은 '중국으로 돌아간 푸바오'이다.

① 판다를 보호하자고 주장하는 글은 아니다.
② 사육사의 말이 나오고 있기는 하지만, 사육사와 푸바오의 우정에 대해 이야기하고 있지 않다.
④ 전 세계의 다양한 판다들에 대한 내용은 이 글에 나타나 있지 않다.
⑤ 판다 가족의 행복한 생활에 대한 내용은 이 글에 나타나 있지 않다.

제목을 지을 때 주의할 점

4 제목은 글의 내용을 대표하는 것이다. 글의 제목은 내용과 어울려야 하며 글의 중요한 내용을 잘 나타낼 수 있어야 한다.

(1) 해인: 글의 제목은 알기 쉽게 쓰는 것이 좋다.
(3) 준이: 제목은 길지 않게 간결하게 써야 한다.

자료를 바탕으로 추론하기

5 기사에는 많은 사람들이 푸바오를 배웅하기 위해 동물원에 모여드는 모습이 담겨 있다. 사진과 글을 통해 푸바오가 떠나는 것을 아쉬워하는 사람들이 많다는 것을 짐작할 수 있다.

비판적으로 이해하기

6 동물원에서 판다를 기르고 보호하는 것에 대한 글을 보고, 동물들에서의 보호만이 아니라 야생 판다를 보호하기 위해 환경을 보호하는 것도 중요하다고 말할 수 있다.

예시 답안

7 푸바오와 사육사의 우정을 그린 영화

(>ᴗ<)	글의 내용에 어울리는 제목을 간결하게 썼습니다.
(^‿^)	제목에 글의 내용이 드러나 있으나, 중심이 되는 낱말을 쓰지 않아 간결하게 쓰지 못했습니다.
(˙︿˙)	제목이 글의 내용과 어울리지 않으며, 중심이 되는 낱말을 쓰지 않아 간결하게 쓰지 못했습니다.

14
이야기에서 일어난 일

중심 글감에 ○
등장인물의 마음이
나타난 부분에 [ ]

★ 새로 알게 된 낱말이나
어려운 낱말을 써 보세요.

_____

_____

_____

_____

_____

_____

3 호독 ★ 내가 표시한 내용과 예시 답을 비교하며 읽어 보세요.

용기 충전소
중심글감

공짜로 용기를 드립니다. 당장 충전하세요!

'용기를 충전할 수 있다고? 말도 안 돼!'

[나는 믿기지 않아서 그냥 들어서려 했어요.] 그러다 반뜩, 이런 생각
이 들었어요.
용기를 충전할 수 있다는 것이 믿기지 않음.

'혹시 모르잖아? 그리고 만약 진짜로 용기를 충전할 수 있다면, 오늘 말
하기 대회는 문제없겠는걸!'

부스 안에 있는 기계는 지하철 교통카드 충전기랑 비슷했어요. 가운데
네모난 화면이 있고, 화면 옆에는 손바닥 모양 그림이 있었어요.

▲ '나는 용기 충전소를 발견하고, 부스 안으로 들어가 봤어요.

기계를 이리저리 살펴봤어요. 방법을 읽어야 아야 충전할 타니까요. 그러다
화면 아래에 조그맣게 써진 글자가 눈에 들어왔어요.

┌─────────────────────────┐
│ 주의! 부작용은 책임지지 않습니다. │
└─────────────────────────┘

어떤 부작용이 나타나는 걸까요? 몸이 개미만큼 작아질까요? 갑자기 확
늙는 걸까요? 아니면 몸을 벽에 걸리거나, 그것도 아니면……

[더러 겁이 나기도 하고, 걱정스럽기도 해서 마뭇거렸어요.] 그런 내
부작용이 나타나도 책임지지 않는다는 경고 문구를 보고 겁이 남
마음을 알아챈 걸까요? 갑자기 화면이 환해지더니 낭랑한 누나 목소리가
들려나왔어요.

충전할 용기를 선택하세요.

[목소리를 들으니까 마음이 조금해졌어요.] 열른 화면을 보았어요. 글
자가 쓰인 버튼이 보였어요.

발표왕   운동왕   세음왕   고백왕

___

[숨직히 모두 다 갖고 싶은 용기들이었어요.] 발표 잘하는 아이들은
모든 용기를 갖고 싶다는 마음이들
인기가 많아요. 운동 잘하는 아이랑, 재미있게 말하는 아이도 마찬가지죠.
싸움 잘하고 싶은 건 말할 필요도 없어요.

하지만 당장 필요한 용기는 발표왕이었어요. 나는 발표왕을 고르고 '다
음' 버튼을 눌렀어요. 〈중략〉

▲ 나는 부작용이 걱정되어 머뭇거리다가 당장 필요한 용기인 발표왕을 선택했어요.

손 그림 위에 손바닥을 올리자 지잉, 하고 소리가 났어요. 손바닥으로
서서히 따듯한 기운이 올라오는 느낌이 들었어요. 따듯한 기운은 팔목을
지나 아래팔을 타고 가슴 아래로 내려갔어요. 마침내 배꼽 밑 아랫배가 후끈
후끈해졌어요. 〈중략〉

▲ 충전을 하고 나자 몸에 따듯한 기운이 움직이는 걸 느꼈어요.

"그래는 어디로 몸을 뽑을까요? 발표해 볼 사람?"

예전 같으면 나는 답을 앉아도 손을 들지 않았을 거예요. 그런데 내 손
이 어느새 번쩍 올라가 있지 뭐예요.

"김윤제, 오늘은 웬일이냐? 선생님이 시킬 때 빼고는 발표라곤 안 하더니."

나는 큰 목소리로 자신 있게 대답했어요.

"정답은 고래에 있는 콧구멍입니다."

아이들이 하하 웃음을 터뜨렸죠. 선생님이 미소 지으며 말했어요.

"정답은 고래의 머리에 있는 숨구멍이에요."

[나는 틀렸지만 기분이 좋았어요. 나 때문에 재연이가 웃었으니까요.]
답을 틀렸지만 제연이가 웃어서어 기분이 좋음
'나는 틀린 답이었지만 큰 목소리로 자신 있게 발표를 했고, 반 아이들과 함께 재연이
가 웃어서 기분이 좋았어요.

독해력답게

1 용기   2 발표   3 정답

1 용기   2 발표   3 정답

1 (1)○ (2)× (3)× (4)○ (5)○ **2** (1)② (2)③ (3)①
3 (1)② (2)① **4** ④ **5** 보리 **6** 예시 답안 참고

세부 내용 파악하기

1 용기 충전소의 기능, 기계의 생김새, 특징, 충전 과정, 충전하고 나서의 느낌 등이 이야기에 나타나 있다. 용기 충전소는 공짜로 용기를 충전해 주고, 기계의 생김새는 지하철 교통카드 충전기와 비슷하며, 화면에 보이는 여러 용기 중에서 선택해서 충전할 수 있다.

(2) 기계 화면에 부착물은 책임지지 않는다는 주의 사항이 쓰여 있었다.

(3) 윤재는 충전을 하고 나니 배꼽 밑 아랫배가 후끈후끈해졌다고 하였다.

인물의 마음 파악하기

2 이야기에서 일이 일어날 때마다 인물의 마음이 변화하는 것을 알 수 있다. 윤재는 용기 충전소에 들어갔을 때는 인기가 많아서 그냥 돌아서려 했었고, 용기 충전의 부작용을 알았을 때는 더럭 겁이 나기도 하고 걱정스럽기도 해서 머뭇거렸다. 용기를 충전한 후 발표를 마쳤을 때는 답을 틀렸는데도 기분이 좋았다.

일어난 일 파악하기

3 윤재는 용기 충전소에서 '발표왕' 용기를 선택해서 충전했다. 그러자 용기가 생겨 예전과 달리 손을 번쩍 들고 발표했다. 그리고 틀린 답이지만 큰 목소리로 자신 있게 대답했다. 그러자 반 아이들이 하하 웃음을 터뜨렸다.

내용 추론하기

4 용기 충전소를 발견했을 때 윤재는 진짜로 용기를 충전할 수 있다면, 오늘 말하기 대회는 문제없겠다고 생각했다. 그리고 충전할 용기를 선택할 때 모두 다 갖고 싶은 용기들이었지만 당장 필요한 용기인 '발표왕'을 선택했다.

이야기 감상하기

5 용기 충전소는 윤재에게 정답을 알려 준 것이 아니라 발표를 할 수 있는 용기를 준다. 그래서 윤재는 틀린 답이지만 큰 목소리로 자신 있게 대답할 수 있었다.

6 예시 답안

고백왕

왜냐하면 내 마음을 고백하고 싶은 친구가 있기 때문이다. 나는 제일 먼저 예쁜 인형을 사서 그 애에게 주면서 말할 것이다.

"네가 내 친구여서 정말 좋아. 고마워 앞으로도 우리 친하게 지내자!"

😆	충전하고 싶은 용기를 고르고, 그 까닭과 일어날 일을 상상하여 썼습니다.
🙂	충전하고 싶은 용기를 고르고 그 까닭을 썼으나, 일어날 일을 상상하여 쓰지 못했습니다.
🙁	충전하고 싶은 용기를 골랐지만, 그 까닭과 일어날 일을 상상하여 쓰지 못했습니다.

15
상황에 맞는 인사말

잘못된 인사말에 〰〰
선생님에 맞는 인사 [　]

★ 새로운 낱말이나 어려운 낱말을 써 보세요.

_____

_____

3 회독 ★ 내가 표시한 내용과 예시를 비교하며 읽어 보세요.

로봇도 상황에 맞게 인사해요

오늘은 포포가 처음으로 유치원에 가는 날이에요. 포포는 가방을 메고 여우 박사님에게 큰 소리로 인사했어요.

"다녀왔습니다!" "다녀오겠습니다"라고 해야 함.

"여우리 인사말 기능을 잘못 입력했나 봐. 이를 어쩐다. 고칠 시간이 없는데……."

오늘 유치원에 못 간다고 하면 포포가 실망하겠죠? 하지만 이대로 간다면 포포는 오종일 엉뚱한 인사를 하고 말 거예요.

"옳지 키키를 함께 보내면 되겠구나."

키키는 여우 박사님이 만든 로봇이에요. 모르는 게 없는 똑똑한 로봇이에요.

"키키야, 넌 몸집이 작으니까 친구들에게 보이지 않게 숨어서 포포를 도와주렴."

여우 박사님은 키키에게 단단히 일렀어요. / "염려 마세요, 박사님."

키키는 어깨를 으쓱대며 포포의 어깨 위로 팔짝 뛰어올랐어요. 〈중략〉

▲ 인사말 기능이 잘못 입력되어 엉뚱한 인사를 하는 포포를 도와주기 위해 키키가 유치원에 함께 가기로 했어요.

포포는 선생님에게 인사했어요. / "다녀오겠습니다!"
"안녕하세요"라고 해야 함.

포포는 고개를 끄덕였어요. 친구들은 어리둥절해서 포포를 쳐다보았어요.

키키가 재빨리 귓속말로 인사를 했어요.

"(어른을 만났을 때는 '안녕하세요.'라고 인사하는 거야.)"
상황에 맞는 인사말

포포는 과자를 주셨어요. 신이 난 포포는 인사를 했어요.

"안녕하세요!"
"고맙습니다"라고 해야 함.

선생님은 깜짝 놀랐어요. 친구들은 깔깔대고 웃었어요. 키키는 또 재빨리 굿속말을 했어요.

"(어른이 무엇을 주시면 '고맙습니다.'라고 인사하는 거야.)"

이제 집으로 돌아갈 시간이에요. 선생님은 포포와 친구들에게 손을 흔들었어요.

"잘 먹겠습니다!"
"안녕히 계세요"라고 해야 함.

선생님은 깜짝 놀라 눈이 커다래졌어요. 키키는 너무 피곤했어요. 그래도 꾹 참고 귓속말을 했어요.

"(헤어질 때는 '안녕히 계세요.'라고 해야지!)"
상황에 맞는 인사말

포포는 얼굴이 빨개졌지만 웃으며 인사했어요.

"안녕히 계세요." 〈중략〉

▲ 유치원에서 포포가 틀린 인사말을 할 때마다 키키가 귓속말로 알맞은 인사말을 가르쳐 주었어요.

포포는 가방을 달랑거리며 집으로 뛰어갔어요. 포포와 키키가 집에 오는 길이 다 왔어요. 에따라 기다리던 여우 박사님이 반갑게 손을 흔들었어요.

"포포, 키키! 잘 다녀왔니? 유치원은 재미있었어?" / "네!"

포포와 키키는 동시에 큰 소리로 대답했어요. 여우 박사님은 포포와 키키의 어깨를 토닥여 주었어요. 그때 갑자기 포포가 제 머리를 툭 쳤어요.

"참, 깜박했어요. / 박사님과 키키가 포포를 쳐다보았어요.

"다녀왔습니다!"
"안녕하세요!"라고 해야 함.
엉뚱한 인사를 하던 포포가 바르게 인사함.

집으로 돌아온 포포가 바르게 인사를 해서 여우 박사님이 웃었어요.

한쪽 엿보기

1 인사 2 인사말 3 귓속말

1 유지원 **2** ⑤ **3** ② **4** 해설 **5** (1)○ **6** ②, ④
7 예시 답안 참고

세부 내용 파악하기
1 이야기의 처음 부분에 포포가 가는 곳이 어디인지 나타나 있다. 포포는 오늘 처음으로 유지원에 다녀왔다.

세부 내용 파악하기
2 키키는 모르는 게 없는 똑똑이 로봇으로, 양뚱한 인사말을 하는 포포에게 맞춤으로 인사말을 가르쳐 주었다. 키키가 인사말을 배워야 해서 유지원에 간 것이 아니다.
①, ② 여우 박사님이 포포에게 인사말 기능을 잘못 입력해서 포포가 운종을 양뚱한 인사를 할까 봐 걱정이 되어 키키를 함께 보냈다.
③ 키키는 몸집이 작아서 친구들에게 보이지 않게 숨어서 포포를 도와줄 수 있기 때문에 함께 보냈다.
④ 키키는 모르는 게 없는 똑똑이 로봇이어서 포포에게 인사말을 가르쳐 줄 수 있기 때문에 함께 보냈다.

상황에 맞는 인사말 찾기
3 포포가 양뚱한 인사를 하면 키키가 상황에 맞는 인사말을 가르쳐 주었다. 키키는 "어른이 무엇을 주시면 '고맙습니다.'라고 인사하는 거야."라고 포포에게 가르쳐 주었다.

인사할 때 주의할 점 파악하기
4 인사말은 인사하는 때와 장소, 인사하는 대상 등을 살펴 상황에 맞게 해야 한다.

내용 추론하기
5 키키는 포포가 가는 곳이 유지원 상황에 맞는 인사말을 할 수 있도록 도와주었다. 도움을 받았을 때 감사한 마음을 전하는 인사말로는 "고마워"가 알맞다.

인물에 대해 추론하기
6 ② 여우 박사님은 포포와 키키가 집으로 돌아오기를 애타게 기다리고 있었는데, 그 까닭은 양뚱한 인사말을 하는 포포가 유지원에서 잘 지냈을지 걱정이 되어서였을 것이다.
④ 키키는 계속해서 맞춤말로 인사말을 가르쳐 주느라 너무 피곤했지만, 꾹 참고 맞춤말을 했다. 그런 행동으로 보아 참을성이 많다고 볼 수 있다.

7 예시 답안
"엄마, 아빠! 사랑합니다. 그리고 고맙습니다. 제가 소원을 하나씩 들어드리겠습니다."

:D	어버이날에 부모님께 고마운 마음이 전해지도록 상황에 맞는 인사말을 썼습니다.
:)	부모님께 인사말을 썼으나, 고마운 마음이 전해지도록 상황에 맞는 인사말을 쓰지 못했습니다.
:(	부모님께 고마운 마음이 전해지도록 상황에 맞는 인사말을 쓰지 못했습니다.

16

시에서 떠오르는 장면

- 중요한 낱말에 ◯
- 장면이 떠오르는 부분에 〰
- 시 속 인물의 마음이 나타난 부분에 [ ]

★ 새로 알게 된 낱말이나 어려운 낱말을 써 보세요.

3 회독 ★ 내가 표시한 내용과 해설지를 비교하며 교과서를 읽어 보세요.

가 지우개 사과

1연
말없이
쑥
내민다
쑥스러워하며 지우개를 내미는 모습이 떠오름.

2연
아끼는
지우개라고
손도 못 대게 하더니

3연
[다투고
난 뒤
내미는 (지우개)]
중심 글감
미안한 마음을 지우개로 표현함.

4연
말로
미안하다면
될 것을

5연
지우개가 담고 있는 의미
[사과 대신
받은 지우개]
친구가 건넨 지우개를 받는 모습이 떠오름.
사과하고 싶은 마음을 지우개로 표현함.
조금 전
다투었던 일

6연
[쓱
친구가 지우개를 준 까닭을 생각하며 떠오른 마음
지우라는
뜻인가.]

1~3연
친구가 다투고 난 뒤, 평소 아끼
던 지우개를 나에게 말도 없이 쑥
내민다.

4~6연
친구가 쑥스러워서 미안하다는
말은 못하고 사과 대신 나에게 건
네 지우개. 조금 전 다투었던 일을
지우개로 싹 지우라는 뜻인가.

나 글이 놀자

1연
새 한 마리
중심 글감
교실 창밖 산꼭대기 나뭇가지에 와서
새가 나뭇가지에 앉아 지저귀는 장면
공부하는 아이들 불러낸다

"놀자, 우리 같이 놀자." 새

아이 하나 포르르 날아 나간다

아이 둘 포르르 날아 나간다

아이 셋, 아이 넷, 아이 다섯…

포르르, 포르르 새가 되어 날아 나간다
새가 되어 날아가는 것처럼 아이들이 뛰어나가는 모습이 떠오름.
혼자 남은 선생님도
혼자 남은 선생님마저

새가 되어 푸드덕 따라 나간다.
선생님도 아이들을 따라 뛰어나가는 모습이 떠오름.

1연
새 한 마리가 교실 창밖에서 지저귀고, 그 소리가 꼭 같이 놀자고 불러내는 소리
처럼 들린다. 아이들은 하나, 둘, 연달아 밖으로 날려 나가고, 혼자 남은 선생님마저
아이들을 따라 나간다.

수고했어

1 지우개 2 사과 3 새

1 (1)② (2)① **2** ②, ③ **3** (1)○ (2)△ (3)△ (4)○ **4** ⑤
5 (3)○ **6** 예시 답안 참고

글감 파악하기

1 시 **가** 「지우개 사과」는 다퉜던 친구가 말로 사과하는 대신 건네준 지우개를 글감으로 쓴 시이다. 시 **나** 「같이 놀자」는 교실 창밖 산목련 나뭇가지에 와서 지저귀고 날아다니는 새를 글감으로 쓴 시이다.

내용 파악하기

2 이 시에는 새, 아이들, 선생님은 등장하지만 구름과 별빛는 등장하지 않는다.

장면 떠올리며 감상하기

3 시 **가** 「지우개 사과」는 1~3연을 보면 다퉜던 두 친구가 지우개를 주고받는 모습이 떠오른다. 시 **나** 「같이 놀자」에서는 교실 안 아이들과 선생님이 교실 창밖 나뭇가지에서 지저귀는 새를 보는 장면과 아이들이 교실 밖으로 뛰어 나가는 장면이 떠오른다.

인물의 마음 추론하기

4 지우개를 말없이 쑥 내미는 모습에서 미안한 마음을 표현하고 싶지만 쑥스러워하는 친구의 마음을 느낄 수 있다.

인물의 마음 추론하기

5 시 **나**는 교실 밖에서 지저귀는 새소리에 교실 바깥으로 마음을 빼앗기는 상황으로, 집에서 숙제하는 중에 놀이터에서 신나게 노는 소리를 듣은 경우와 비슷한 마음이다.

6 예시 답안

제목: 같이 놀자

"나랑 같이 놀자, 여기서 너를 기다렸어."

나는 아기 고양이에게 숨바꼭질을 가르쳐 주었다.

아기 고양이는 야옹야옹 소리를 듣으면 찾을 수 있었다.

😄 떠올리는 장면을 떠올려서 앞의 내용과 연결하여 시로 썼습니다.
🙂 떠오르는 장면을 시로 썼으나, 떠올린 장면이 앞의 내용과 연결이 되지 않습니다.
🙁 떠오르는 장면을 떠올리지 못해 시로 쓰지 못했습니다.

17

글 속의 흉내 내는 말

- 흉내 내는 말에 ○
- 중요한 문장에 ～～～
- 기억에 남는 부분에 [　]

3 회독　★ 내가 표시한 내용과 예시 답안을 비교하며 읽어 보세요.

시끌시끌 소음 공해 이제 그만!

우리가 세상에서 처음 들은 소리는 무슨 소리일까?
중요한 문장 배 속에서 들은 엄마 심장 소리 아닐까?
엄마가 초음파 사진을 보고 반갑게 인사해.
다정한 목소리를 듣고 아기의 심장도 (쿵쿵) 뛰어.
흉내 내는 말
▲ 우리가 세상에서 처음 들은 소리는 배 속에서 들은 엄마 심장 소리야.

세상은 소리로 둘러싸여 있어.
개구리의 (개굴개굴) 소리가 봄을 알리고, (보글보글) 냉이 된장찌개 끓
흉내 내는 말
는 소리가 군침을 돌게 해.
여름날 잠새가 (쩨쩨) 거리며 아침을 깨우고, 시원한 바람 소리와 함께
(퐁당퐁당) 노랫소리가 들리기도 해.
가을이 되면 (스스스) 풀벌레 소리도 들리고, 저녁이 되어 (딩동) 소리가
나면 아빠가 퇴근하고 오신 거야.
조용한 겨울밤에도 (째깍째깍) 시계 돌아가는 소리는 계속 나지.
(새근새근) 잠든 아기의 숨소리까지 크고 작은 소리로 세상은 가득해.
▲ 세상은 계절별로 들을 수 있는 크고 작은 소리로 둘러싸여 있어.

우리가 가만히 귀 기울여야 들리는 소리도 있어.
풀잎을 스치는 바람 소리.
마른 낙엽 위를 구르는 도토리 소리.
부지런히 움직이는 개미들의 발자국 소리.
▲ 우리가 가만히 귀 기울여야 들을 수 있는 자연의 작은 소리도 있어.

사람들이 많아지고 도시가 복잡해지면 소리도 더 많아지고 더 커져.
[자동차 소리, 쉬지 않고 울리는 휴대폰 소리, 다리를 건설하는 소리,
높은 건물을 짓는 소리.]
가만히 귀 기울여야 들리는 자연의 소리와 달리, 복잡해진 도시에서 나는 소리들은 많은 사람들이 소음으로 느낌.

어떤 사람들은 활기찬 소리로 느끼지만, 많은 사람들은 이런 소리를 소
음으로 느껴.
[어떤 사람들은 활기찬 소리로 느껴.]
▲ 사람들이 많아지고 도시가 복잡해지면 소리도 더 많아지고 더 커지는데, 많은 사람들
은 도시에서 나는 이런 소리를 소음으로 느껴.

★ 새로 알게 된 낱말이나 어려운 낱말을 써 보세요.

_____

_____

_____

_____

구조 잡기

1 소리　2 귀　3 도시

1 (1)○   **2** ④   **3** 째깍째깍   **4** (1)②(2)③(3)①   **5** 수연
6 ③   **7** 예시 답안 참고

내용 파악하기

1 이 글에서 '우리가 세상에서 처음 들은 소리는 무슨 소리일까?'라고 묻고 '배 속에서 들은 엄마 심장 소리 아닐까?'라고 답하고 있다.
(2) 엄마가 초음파 사진을 보고 반갑게 인사하는 소리는 나오지만, 초음파 사진을 찍는다고 말하는 의사의 목소리에 대해서는 나와 있지 않다.

내용 파악하기

2 글의 마지막 부분에서 사람들이 많아지고 도시가 복잡해지면 소리도 더 많아지고 더 커진다고 하였다.
① 세상은 소리로 둘러싸여 있다고 하고 나서, 세상을 둘러싼 소리들에 대해 말하고 있다.
② 배 속에서 엄마의 다정한 목소리를 들은 아기를 쿵쿵 뛴다고 하였다.
③ '우리가 가끔에 귀 기울여 들리는 소리도 있어.'라고 하고, 그 소리들이 무엇인지 말하고 있다.
⑤ 도시의 소리 중 쉬지 않고 울리는 휴대폰 소리를 어떤 사람들은 좋아하지만, 많은 사람들이 이런 소리를 소음으로 느낀다고 하였다.

흉내 내는 말 이해하기

3 '째깍째깍'은 '시계의 톱니바퀴가 자꾸 돌아가는 소리'를 흉내 내는 말이다.

흉내 내는 말 이해하기

4 ㉠에는 '적은 양의 액체가 잇따라 아단스럽게 끓는 소리. 또는 그 모양'을 흉내 내는 말인 '보글보글'이 들어가는 것이 알맞다.

㉡에는 '종이 위에 계속 엎숙으로 계속 노래를 부르는 소리. 또는 그 모양'을 흉내 내는 말인 '흥흥'이 들어가는 것이 알맞다.
㉢에는 '어린아이가 군히 잠들어 조용하게 자꾸 숨 쉬는 소리'를 흉내 내는 말인 '새근새근'이 들어가는 것이 알맞다.

내용 추론하기

5 소음은 불규칙하게 들리는 시끄러운 소리로, 이 글에서는 다리를 건설하는 소리, 높은 건물을 짓는 소리를 소음의 예로 들었다.

내용 추론하기

6 바람 소리, 나뭇 위를 구르는 도토리 소리, 개미들의 발자국 소리는 가만히 귀 기울이지 않으면 들을 수 없는 매우 작게 들리는 자연의 소리이다.
① 밤에만 들을 수 있는 소리는 아니다.
② 여름에만 들을 수 있는 소리는 아니다.
④ 사람이 많아질수록 소리도 더 많아지고 더 커져서 이런 작은 소리를 듣기 어려워진다.
⑤ 많은 사람들이 소음으로 느끼는 소리는 복잡해진 도시에서 나는 소리이다.

7 예시 답안

나는 놀이터에서 아이들이 시끌벅적 노는 소리는 듣기 좋으나, 길음 접어놓는 지지직 라디오 소리는 시끄럽게 느껴진다.

좋아하는 소리와 시끄럽게 느끼는 소리에 대해서 흉내 내는 말을 알맞게 넣어 썼습니다.	😄
좋아하는 소리와 시끄럽게 느끼는 소리에 대해서 썼지만, 흉내 내는 말을 알맞게 넣지 못했습니다.	🙂
좋아하는 소리와 시끄럽게 느끼는 소리에 대해서 쓰지 못하고, 흉내 내는 말을 알맞게 넣지 못했습니다.	🙁

18
감정을 나타내는 표현

- 편지를 쓴 대상에 ○
- 감정을 나타내는 표현에 ～

3회독 ★ 내가 표시한 내용과 예시 답을 비교하며 읽어 보세요.

리디아의 정원

집 외삼촌께 리디아가 편지를 쓴 대상

기차역에서 이 편지를 부칩니다. 지난번 편지에 잊어버리고 쓰지 못한 것이 있습니다. 저한테는 아주 중요하지만, 부모님께서 외삼촌 얼굴을 마주한 채로는 도저히 말씀을 드릴 수가 없어서요. 감정을 나타내는 표현

1. 전 언제나 꽤 컸지만, 빵은 전혀 만들 줄 모릅니다.
2. 하지만 저는 빵 만드는 걸 꼼꼼이 배우고 싶어요. 외삼촌 거, 그것이는 꽃밭을 심을 만한 데가 있을까요?
3. 저를 "리디아 그레이스"라고 불러 주셨으면 해요. 할머니가 절 부르시는 것처럼요.

1935년 9월 3일

조카 리디아 그레이스 피치

▲ 외삼촌에게 자신에 대해 소개하고, 궁금한 점과 바라는 점을 씀.

집 외삼촌께 리디아가 편지를 쓴 대상

엄마가 입던 옷으로 예쁜 옷을 만들어 주셔서 고맙습니다. 이 옷을 입고 있어 사인가 제가 무척이나 예뻐져 보입니다. 엄마가 이 옷 때문에 너무 수상해하지 않았 으면 좋겠어요.

엄마에게 엄마가 입던 옷으로 자신의 옷을 만들어 준 것에 대해 수상해하지 않았으면 하는 마음을 전함.

아빠께 리디아가 편지를 쓴 대상

아빠가 외삼촌에 대해서 하신 말씀 맞지 않았어요.
"마음 앙금에다 커다란 료와 후수염이 있는 사람이 네 외삼촌이야. 그 사람만 찾으면 돼."

외삼촌한테는 맞는지 않는지 않죠. 안수해요.

그런데 아빠, 외삼촌은 유머 감각이 있는 분이에요?

▲ 아빠가 외삼촌의 생김새에 대해 한 말을 외삼촌에게 말하지 않겠다고 약속하며 외삼촌이 유머 감각이 있는 분인지 물음.

★ 새로 알게 된 낱말이나 어려운 낱말을 써 보세요.

보고 싶은 할머니 리디아가 편지를 쓴 대상

캠겨 주신 꽃씨, 정말 고맙습니다.
기차가 흔들거리고 있어요.
좋음이 오니다. 깜빡깜빡 잠이 들 때마다 자는 꽃 가꾸는 꿈을 꿉니다.

1935년 9월 4일

모두에게 사랑을 담아서, 리디아 그레이스

▲ 할머니에게 꽃씨를 챙겨 주신 것에 대해 고마운 마음을 전하고 꽃 가꾸는 꿈을 꾼다는 것을 씀.

보고 싶은 엄마, 아빠, 할머니 리디아가 편지를 쓴 대상

행복해라가 가슴이 터질 것 같아요! 오늘 아침에는 무언가 이 도시가 아름다워 보입니다.
비밀 장소는 언제든지 집 외삼촌께 보여 드릴 수 있게 만반의 준비가 되어 있습니다. 그런 다음에 외삼촌을 옥상으로 데리고 갈 거예요.
저는 엄마, 아빠, 할머니께서 지에게 가르쳐 주신 아름다움을 다 담아내려고 노력했습니다.

1936년 7월 4일

모두에게 사랑을 담아서, 리디아 그레이스

주신: 벌써 외삼촌 웃는 모습이 그려지니다.

▲ 가족들에게 비밀 장소인 옥상에 정원을 외삼촌에게 보여 드릴 생각에 행복한 마음을 전함.

🔷 구조 알기

1 할머니   2 외삼촌

1 외삼촌(○) **2** ① **3** ④ **4** (2)× **5** (1)○ **6** (2)○
7 예시 답안 참고

편지를 쓴 대상 파악하기

1 리디아는 집 외삼촌, 엄마, 아빠, 할머니에게 편지를 썼다.

세부 내용 파악하기

2 1935년 9월 4일 할머니에게 쓴 편지 내용 중 '보고 싶은 할머니 챙겨 주신 꽃씨, 정말 고맙습니다.'를 보면 리디아에게 꽃씨를 챙겨 준 사람은 할머니라는 것을 알 수 있다.

① 1935년 9월 3일 외삼촌에게 쓴 편지 내용에서 할머니가 자신을 부르시는 것처럼 자신을 "리디아 그레이스"라고 불러 달라고 한 것에서 알 수 있다.

② 1935년 9월 4일 엄마에게 쓴 편지 내용 중 '엄마가 입던 옷으로 리디아의 옷을 만들어 주셨다는 것에 대해 알려 준 것을 알 수 있다.

③ 1935년 9월 4일 아빠에게 쓴 편지 내용을 보면 아빠가 리디아에게 외삼촌의 얼굴 생김새에 대해 알려 준 것을 알 수 있다.

⑤ 1935년 9월 3일 외삼촌에게 쓴 편지 내용 중 리디아가 원래는 꽤 알던지 몰랐다고 쓴 것에서 알 수 있다.

감정 표현 이해하기

3 리디아는 가슴이 터질 것 같이 너무 행복해서 유난히 도시가 아름다워 보인다고 쓰고 있다. '서운해서'는 '마음에 모자라거나 아쉽거나 섭섭한 느낌이 있다.'라는 뜻이므로, '행복해서'와 바꾸어 쓰기에 알맞지 않다.

감정 표현 파악하기

4 (1)은 '정말 고맙습니다.'에 (3)은 '부끄러워서'에 리디아의 감정이 표현되어 있다. (2)에는 감정이 나타나 있지 않다.

내용 추론하기

5 리디아는 엄마가 입던 옷으로 예쁜 옷을 만들어 주셔서 고맙다고 하면서 엄마가 이 옷 때문에 속상해하지 않았으면 좋겠다고 편지에 썼다. 이것을 보면 엄마가 자신이 입던 옷으로 리디아의 옷을 만들어 준 것에 미안해하고 속상해했다는 것을 짐작할 수 있다.

내용 추론하기

6 1936년 7월 4일 리디아가 쓴 편지를 보면, 리디아는 수상에 외삼촌 모르게 비밀 장소를 만들고 외삼촌에게 수상을 보여 드릴 준비를 했다는 것을 알 수 있다. 외삼촌이 리디아에게 수상의 정원을 가꾸는 일을 맡긴 것이 아니다. 따라서 집 외삼촌 외삼촌이 리디아에게 했을 말로 어울리는 것은 (2)이다.

7 예시 답안

○○ 유치원 선생님께

안녕하세요? 선생님! 스승의 날에도 연락을 못 드렸어요. 건강하게 잘 지내고 계시지요? 5월이면 항상 선생님 생각이 납니다. 철부지였던 저를 가르쳐 주신 은혜 잊지 않고 있어요. 감사합니다!

20○○년 5월 16일
사랑을 담아서 제자 오보배 올림

	고마움을 전하는 편지글로 감정을 나타내는 표현을 넣어 썼습니다.
(smiley)	고마움을 전하는 편지글을 썼으나, 감정을 나타내는 표현을 쓰지 못했습니다.
(sad face)	고마운 마음을 전하는 편지글과 감정을 나타내는 표현을 알맞게 쓰지 못했습니다.

19

설명하는 글의 중심 내용

- 설명하는 대상에 ○
- 문단의 중심 내용에 ～～～
- 설명하는 대상의 특징이 나타난 부분에 [ ]

3 회독

지구를 지키는 이끼

★ 내가 표시한 내용과 예시 답을 비교하며 읽어 보세요.

많은 물이 흐르는 계곡의 바위 옆, 초록색 작은 털 같이 생긴 (이끼)를 본 적이 있나요? [이끼는 축축한 곳에서 옹기종기 모여서 살아요. 이끼는 대부분 1~10센티미터 정도로 크기가 작아요. 그런데 지구 표면의 약 6퍼센트 정도를 덮고 있지요. 이끼는 사람이 살기 전부터 오랫동안 지구를 지켜 왔어요.] 이끼가 지구를 어떻게 지키는지 함께 알아볼까요.

▲ 이끼가 지구를 어떻게 지키는지 함께 알아보아요.

첫째, 이끼는 지구의 산소 공급기예요. [초록색 이끼는 햇빛을 보며 광합성을 해서 산소를 만들어요. 과학자들에 따르면 이끼가 지구에서 내뿜는 산소의 양이 지구 전체 산소량 중에 30퍼센트나 된다고 해요.]

▲ 이끼는 광합성으로 산소를 만들어 지구에 많은 양의 산소를 공급해 줘요.

둘째, 이끼는 숲속에 사는 식물과 동물에게 먹을 것을 만들어 주어요. [이끼는 흙을 영양가 있는 부식토로 만들어 주어요. 그래서 숲속의 나무와 풀은 이끼 덕분에 흙에서 영양분을 많이 얻을 수 있어요. 또 이끼는 작은 곤충들과 겨울잠에서 깨어나서 굶어난 곰이 먹이가 되기도 해요.]

▲ 이끼는 흙을 영양가 있는 부식토로 만들어 주어 동식물에게 먹을 것을 만들어 주고 먹이가 되기도 해요.

셋째, 이끼는 산의 흙을 꽉 붙잡아 주는 역할을 해요. 비가 많이 오는 날, 숲속의 흙이 마을로 떠내려올 수 있어요. 하지만 이끼가 있으면 걱정 없어요. [이끼의 헛뿌리가 흙알갱이들을 꽉 붙잡고 있기 때문이에요. 이끼는 자기 몸무게의 5배나 되는 물을 몸에 가득 담을 수 있어요.] 그래서 산이 비가 많이 와도 흙이 밀려 와르르 무너지는 것을 막아 주어요.

▲ 이끼의 헛뿌리가 흙을 꽉 붙잡고 있고 많은 양의 물을 몸에 가득 담을 수 있어 홍수 때 산사태를 막아 주어요.

만약 지구에서 이끼가 사라지면 어떻게 될까요? 이끼가 숲속에서 내뿜는 산소가 없어지면, 사람은 물론 지구에 사는 모든 생명이 살기 힘들어 질 거예요. 숲속 생물과 나무는 영양분을 얻기 어렵고, 비가 많이 오면 산사태가 나기 쉽게 살 수 있게 환경 오염을 줄이는 데 힘을 보태야 해요. 초록빛 이끼가 많이 사는 살기 좋은 지구로 함께 만들어요.

▲ 지구에 사는 모든 생명이 살기 좋게 도와주는 이끼가 잘 살 수 있도록 살기 좋은 지구를 만들어요.

★ 새로 알게 된 낱말이나 어려운 낱말을 써 보세요.

_____

_____

_____

1 축축한　**2** 산소　**3** 흙

128~129쪽

1 ④ 2 승희 3 (3)○ 4 ⑤ 5 ① 6 (2)○
7 예시 답안 참고

설명 대상 파악하기
1 이 글에서 설명하는 내용은 '이끼'이다.

글의 목적 파악하기
2 이 글은 이끼가 지구를 어떻게 지키는지 설명하고 있는 글이다. 설명하는 글을 쓰는 목적은 설명하는 대상에 대해서 알려 주기 위해서이다.

중심 내용 파악하기
3 설명하는 글의 중심 내용은 글 전체를 통해 가장 알리고 싶은 내용이다. 이 글의 1문단에서 이끼가 지구를 어떻게 지키는지 함께 알아보자고 하고, '첫째, 둘째, 셋째'로 나누어 이끼가 지구의 역할에 대해 설명하고 있다. 따라서 이 글의 중심 내용으로 알맞은 것은 (3)이다.
(1) 이끼가 지구 표면의 약 6퍼센트 정도를 덮고 있다는 내용이 나와 있지만, 이것은 일부의 내용이다.
(2) 이끼가 점점 사라지고 있다는 내용은 이 글에 나와 있지 않다.

중심 내용 파악하기
4 이끼가 지구 표면을 덮고 있는 것은 맞지만 그림으로써 지구가 따뜻해지도록 도움을 준다는 내용은 나와 있지 않다.

내용 추론하기
5 이끼는 맑은 물이 흐르는 계곡의 바위 옆에 산다고 했다. 이끼가 많이 사는 곳은 이끼가 살기 좋은 지구를 함께 만들자고 한 것을 볼 때, 이끼가 없는 곳의 환경이 깨끗하다고 말하는 것은 맞지 않다.
② 이끼는 동물과 식물에게 먹을 것을 만들어 주고, 먹이가 되기도 하므로 동물들은 이끼가 있는 곳을 좋아할 것이다.
③ 이끼는 사람이 살기 전부터 오랫동안 지구를 지켜 왔다고 했으므로 사람보다 먼저 지구에 있었다.
④ 이끼는 지구의 산소 공급기라고 할 만큼 많은 양의 산소를 지구에 공급해 준다고 했으므로 이끼가 많아지면 지구의 산소량이 많아진다.
⑤ 이끼는 산의 흙을 꽉 붙잡아 주어 산사태를 막아 주는 역할을 한다.

내용 추론하기
6 이끼는 환경이 깨끗하고 살기 좋은 곳에서 산다고 했다. 따라서 이끼가 많이 사는 곳은 동식물이 살기 좋은 환경이라고 볼 수 있다.
(1) 이끼가 모여 있는 곳은 깨끗한 곳이므로 물고기가 살기 좋은 환경이라고 볼 수 있다.

7 예시 답안
이끼가 사람이 살기 전부터 지구를 지켜 왔다는 것과 이끼가 산의 흙을 꽉 붙잡아 주어 산사태를 막아 준다는 것을 새롭게 알았다.

(◡)	이끼에 대해 새롭게 알게 된 점 두 가지를 정확하게 썼습니다.
(•‿•)	이끼에 대해 새롭게 알게 된 점을 한 가지만 썼습니다.
(•︵•)	이끼에 대해 새롭게 알게 된 점을 한 가지도 쓰지 못했습니다.

20
우화와 교훈

3회독

당나귀와 개

★ 내가 표시한 내용과 예시 답을 비교하며 읽어 보세요.

- 등장인물에 ○
- 교훈이 드러난 부분에 ~~~
- 인상 깊은 부분에 [ ]

옛날, 어느 마을에 한 (할아버지)가 (개)와 (당나귀)를 기르며 살았어요.
[이야기의 등장인물]
할아버지는 아침마다 당나귀와 함께 농사일을 나갔어요. 할아버지가 일을 마치고 오면, 개가 꼬리를 흔들며 반갑게 맞이했어요. 할아버지는 개를 안고 집에 들어가서 같이 놀았지요. 개는 한껏 재롱을 부리고, 할아버지의 손과 얼굴을 핥았어요.

▲ 옛날, 어느 마을에 한 할아버지가 개와 당나귀를 길렀는데, 당나귀와는 함께 농사일을 나가고 일을 마치면 개와 집에서 같이 놀았어요.

어느 날 당나귀가 개가 할아버지와 노는 모습을 보고 불쑥 화가 났어요.
'나는 하루 종일 뼈아프게 주인과 밭일을 했어. 그런데 주인의 사랑은 개가 독차지하고, 나는 점점한 마구간에서 혼자 있어야 해. 이건 공평하지 않아.'

당나귀는 마구간을 박차고 나갔어요. 그리고 주인이 있는 집 안으로 훌쩍 뛰어 들어갔어요.
'나도 개처럼 행동해서 주인에게 사랑받을 거야.'

▲ 어느 날 당나귀는 일을 하고 주인의 사랑을 개가 독차지하는 게 불공평하다고 생각한 당나귀는 자신도 개처럼 행동해서 사랑받으려고 마구간을 박차고 나가 집안으로 뛰어들었어요.

[당나귀는 개처럼 꼬리를 흔들고, 혀로 주인의 손과 발을 핥을 했어요.
"어이쿠, 얘가 왜 이래?"
주인이 펄쩍 뛰며 말했어요.
"저리 가!"
당나귀는 개처럼 '멍멍!' 하려고 했지만, '히잉히잉!' 소리가 나왔어요.]

주인이 놀라자, 당황한 당나귀는 집 안을 마구 뛰어다녔어요. 당나귀의 머리에 부딪쳐 전등불이 흔들렸어요. 당나귀의 커다란 엉덩이에 부딪쳐 식탁 의자가 꽈당 쓰러졌고요. 주전자에 있던 물은 바닥에 엎질러졌지요. 식탁 위 그릇은 엎어지고 깨졌어요. 개 흉내를 낸 당나귀 때문에 집 안은 엉망이 되어 버렸지요.
[당나귀가 주인에게 사랑을 받으려고 개를 흉내 내다가 집 안을 엉망으로 만드는 모습이 우습기도 하고 안타깝기도 함.]

▲ 당나귀가 개를 흉내 내다가 집 안이 엉망이 되었어요.

주인 할아버지는 몹시 놀라서 개를 끌어안고 말했어요.
"아이고, 당나귀가 이상하네! 내일 당장 시장에 가서 팔아야지."

할아버지는 당나귀를 밧줄로 마구간으로 데려갔어요.
그날 밤, 마구간으로 개가 찾아왔어요.
"당나귀야, 혹시 나를 흉내 낸 거야?"

당나귀는 푸르르 한숨을 내쉬었어요. 개는 안타까운 표정을 지으며 말했어요.

"당나귀는 당나귀로서 할 일이 있잖아. 내가 혼자 집을 지킬 동안, 네가 주인 할아버지의 짐을 나르고 농사일을 도운 것처럼 우린 각자의 역할
[각자 할 일이 있다는 이 이야기의 교훈이 나타남]
이 있는 거야. 함께 있을 수 있었는데 아쉽다."

당나귀는 여러 동물된 제 아무 말도 하지 못했답니다.

▲ 할아버지는 이상해진 당나귀를 시장에 팔겠다고 하고, 마구간으로 찾아온 개는 각자 의 할 일이 있다고 말하며 안타까워했답니다.

★ 새로 알게 된 낱말이나 어려운 낱말을 써 보세요.

구조알기

1 당나귀　2 마구간　3 개　4 시장

1 당나귀, 개 **2** ③ **3** 개 **4** ③ **5** ④ **6** 승주
7 예시 답안 참고

등장인물 파악하기

1 이 이야기는 어느 마을에 한 할아버지와 사는 당나귀와 개에 관한 이야기로, 이 글에는 주인 할아버지와 당나귀, 개가 등장인물로 나온다.

세부 내용 파악하기

2 당나귀가 혼자 속으로 생각한 말 속에 화가 난 까닭이 나타나 있다. 어느 날 당나귀는 불쑥 화가 났는데, 그 까닭은 자기는 하루 종일 뽀얀먼지에서 일하고도 컴컴한 마구간에서 혼자 있어야 하고, 주인의 사랑은 개가 독차지하는 것이 공평하지 않다고 생각했기 때문이다.

우화의 교훈 파악하기

3 마구간에 찾아온 개가 당나귀에게 하는 말 속에 이 글의 교훈이 나타나 있다. 이 글은 개가 당나귀를 내다 팔면 처지에 놓인 당나귀를 통해 개로서 당나귀는 당나귀로서 각자 할 일이 있다는 교훈을 전달하고 있다.

교훈이 드러난 제목 찾기

4 이 이야기는 당나귀가 자신에게 주어진 역할과 개에게 주어진 역할이 다른 다는 것을 모르고 개를 향해 내다가 팔려 가게 되다는 내용이 이솝 우화이다. 따라서 이 이야기의 교훈을 담은 제목으로 알맞은 것은 ③이다.

내용 추론하기

5 당나귀는 주인의 사랑을 독차지하는 것처럼 보이는 개를 부러워하고, 개처럼 주인과 같이 집 안에서 살고 싶어 했다. 그래서 개처럼 행동하면 주인에게 사랑받을 수 있을 것이라 생각해서 개를 흉내 내며 집 안을 뛰어다니던 것이다.

공통점 추론하기

6 이 글의 당나귀는 개를 부러워해서 따라 했고, **보기**의 당나귀는 메미를 부러워해서 따라 했다는 공통점이 있다.

7 예시 답안

당나귀야, 일하느라고 많이 힘들었구나. 당나귀야, 너는 너대로 키우고 사랑스럽단다. 그리고 너는 너의 할 일이 있고, 개는 개의 할 일이 있는 거란다.

이야기의 교훈이 잘 드러나고, 등장인물의 행동이나 상황에 어울릴 만한 내용을 알맞게 썼습니다.
이야기의 교훈이 드러나지만, 등장인물의 행동이나 상황에 어울리는 내용을 쓰지 못했습니다.
이야기의 교훈이 드러나지 않고, 등장인물의 행동이나 상황에 어울리는 내용도 쓰지 못했습니다.

머뭄

4단계 A	5단계 A	6단계 A
시의 분위기	시의 주제	운율의 효과
다의어의 뜻과 쓰임	설명하는 글을 읽는 방법	글의 설명 방법 – 정의와 예시
설명하는 글의 목적	표준어와 방언	문장 성분
성찰하는 글의 특징	이야기의 주제	이야기의 표현 방법
주장하는 글의 목적	주장하는 글을 읽는 방법	면담의 특징
인물의 역할	시의 소재	시의 비유적 표현
가리키는 말	설명 방법 – 분류	글 속의 자료
글을 읽으며 질문하기	글에 나타난 시간 표현	글 안에 쓰이는 속담
기사문의 특징	인물의 마음 변화	주장하는 글의 특징
주장하는 글의 짜임	주제에 대한 찬반 의견	문제 해결을 이끄는 토의
시적 상황	시에 나타난 경험	시에 반영된 사회·문화적 상황
낱말들의 관계 – 상위어와 하위어	설명 방법 – 나열	매체에 담긴 관점
글을 읽은 후에 질문하기	언어의 역사성과 창조성	줄임말과 새말
회의의 특징	인물의 성격과 사건 전개	이야기의 서술자
이야기의 배경	수필의 특징	토론의 절차
설명하는 글의 짜임	배경의 역할	설화의 특성
독서 감상문에 들어가는 내용	설명 방법 – 과정	사회·문화 분야의 글
온라인 대화의 특징	뉴스 보도의 짜임	연설의 설득 전략
질문하며 이야기 읽기	근거의 적절성	시사성을 가진 주장하는 글
체험 학습 보고서의 특징	기행문의 요소	희곡에 나타난 복선

4단계 B	5단계 B	6단계 B
시의 감상	시의 감동적인 부분	시의 함축과 상징
낱말들의 관계 – 유의어와 반의어	어휘의 적절성	글의 설명 방법 – 분류와 분석
문단의 중심 내용	문장 호응	합성어와 파생어
인터뷰의 특징	이야기의 인상적인 부분	이야기에 반영된 사회·문화적 상황
주장과 근거	근거 자료의 타당성	광고 읽는 방법
이야기의 감상	시의 어조	시의 심상
이어 주는 말	비교와 대조 짜임으로 요약하기	설명하는 글의 객관성과 사실성
글의 짜임 – 시간의 흐름	뉴스의 타당성	관용 표현의 특징
기행문의 특징	이어질 내용 예측하기	근거 자료의 적절성
시에서 말하는 이	서평	기행문을 읽는 방법
글의 짜임 – 원인과 결과	시의 시상 전개	고전 소설의 특징
발표문의 특징	열거 짜임으로 요약하기	뉴스가 생활에 미치는 영향
제안하는 글의 특징	토론이 필요한 경우	언어폭력과 언어문화
서술자의 위치	작품 속 인물의 갈등	이야기의 구조
토의의 특징	문제 상황과 문제 해결	과학·기술 분야의 글
단일어와 복합어	풍자와 해학	시조의 특징
글의 짜임 – 문제와 해결	과정 짜임으로 요약하기	인문·예술 분야의 글
전기문의 특징	토론 유형	정서 표현의 글, 수필
이야기의 흐름	글에 드러나지 않은 내용 추론	글쓴이의 의도나 관점 추론
답사 보고서의 특징	희곡의 요소	시나리오의 특징

달곰한 문해력 기본서 초등 1단계

펴 낸 날	2024년 11월 15일(초판 1쇄)
펴 낸 이	주민홍
펴 낸 곳	(주)NE능률

지 은 이	NE능률 문해력연구회
개 발 책 임	장명준
개 발	김경민, 유자연, 이은영, 이해준
디자인책임	오영숙
디 자 인	조가영, 한새미
제 작 책 임	한성일

등 록 번 호	제1-68호
I S B N	979-11-253-4883-2

대 표 전 화	02 2014 7114
홈 페 이 지	www.neungyule.com
주 소	서울시 마포구 월드컵북로 396(상암동) 누리꿈스퀘어 비즈니스타워 10층